公路工程试验检测结果测量不确定度评定方法及实例

刘 璐 刘 静 耿 雷 编著

人民交通出版社

北京

内 容 提 要

测量不确定度作为评定测量水平的指标,对科研、生产、商贸和国际技术交流等诸多领域影响甚大。本书系统阐述了测量不确定度的发展历程,介绍了测量不确定度的应用范围、评定与表示方法,给出了公路工程试验检测结果的不确定度评定实例。

本书可供从事试验检测工作的人员、实验室管理人员及相关研究人员参考,同时也可为从事相关检测工作的技术人员提供参考。

图书在版编目(CIP)数据

公路工程试验检测结果测量不确定度评定方法及实例/刘璐,刘静,耿雷编著. — 北京:人民交通出版社股份有限公司,2024.5
ISBN 978-7-114-19448-1

Ⅰ.①公… Ⅱ.①刘…②刘…③耿… Ⅲ.①道路工程—实验数据—误差分析②道路测量—不确定度—评定 Ⅳ.①U41

中国国家版本馆 CIP 数据核字(2024)第 059511 号

书　　名:公路工程试验检测结果测量不确定度评定方法及实例
著 作 者:刘　璐　刘　静　耿　雷
责任编辑:周　宇　刘　彤
文字编辑:师静圆
责任校对:赵媛媛　魏佳宁
责任印制:刘高彤
出版发行:人民交通出版社
地　　址:(100011)北京市朝阳区安定门外外馆斜街 3 号
网　　址:http://www.ccpcl.com.cn
销售电话:(010)59757973
总 经 销:人民交通出版社发行部
经　　销:各地新华书店
印　　刷:北京市密东印刷有限公司
开　　本:787×1092　1/16
印　　张:12.25
字　　数:229 千
版　　次:2024 年 5 月　第 1 版
印　　次:2024 年 5 月　第 1 次印刷
书　　号:ISBN 978-7-114-19448-1
定　　价:70.00 元

(有印刷、装订质量问题的图书,由本社负责调换)

序

  测量是科学技术、工农业生产、国内外贸易以及日常生活各个领域中不可缺少的一项工作。测量的目的是确定被测量或获取测量结果,测量结果的质量常常会直接影响国家和企业的经济利益。测量不确定度是对测量结果质量的定量表征,测量结果的可用性很大程度上取决于其不确定度的大小。

  测量不确定度的概念以及不确定度的评定和表示方法的采用,是测量科学的新进展。从1963年提出测量不确定度的概念,到1993年正式发布测量不确定度评定的指导性文件,整整花费了30年时间,可见改用测量不确定度对测量结果的质量进行评价,汇集了世界各国科学家的经验和智慧。国际标准以及国家标准均允许针对不同的检测项目制定与该检测工作特点相适应的测量不确定度评定程序。在实验室认可工作中也要求实验室制定与检测工作特点相适应的测量不确定度评估程序,并将其用于不同类型的检测工作。

  测量不确定度作为评定测量水平的指标,对科研、生产、商贸和国际技术交流等诸多相关领域影响甚大,具有现实和重要的意义。《检验检测机构资质认定能力评价 检验检测机构通用要求》(RB/T 214—2017)中明确规定:"检验检测机构应根据需要,建立和保持应用评定测量不确定度的程序,也从制度方面要求检验检测机构应掌握测量不确定度评定的方法及应用。"

  "十四五"时期,我国开启了全面建设社会主义现代化国家的新征程,交通运输要当好中国式现代化的开路先锋,不断增强对经济社会发展全局和国家重大战略的保障能力。当前,我国综合交通运输发展不平衡不充分问题还比较突出,迫切需要以全方位转型推动交通运输高质量发展。公路工程试验检测结果质量的评价是交通运输高质量发展的基础,测量不确定度在公路工程试验检测中应用与普及的需求日益凸显。

  该书内容丰富,知识面广,而且附有很多实例。希望该书的出版,能够对广大公路工程试验检测从业人员评定与应用测量不确定度发挥积极的作用,促进试验检测结果评价质量的提升与广泛应用。

2024 年 1 月

前言

测量不确定度是根据所用到的信息,表征赋予被测量值分散性的非负参数。当报告测量结果时,必须对测量结果的质量(可信度)给出定量的说明,以确定这一结果的可信程度。测量过程是否持续受控,测量结果是否能保持稳定一致,测量能力是否符合生产盈利的要求,需要用测量不确定度来衡量。作为一个测量结果,既要给出其量值,也要给出测量不确定度。测量不确定度越大,表示测量能力越差;反之,表示测量能力越好。

为了能够统一地评价测量结果的质量,1963年,美国国家标准局的数理统计专家艾森哈特(Eisenhart)首次提出了采用测量不确定度的概念,受到国际社会普遍关注。1986年,国际计量委员会(CIPM)组织国际标准化组织(ISO)、国际电工委员会(IEC)、国际计量局(BIPM)、国际法制计量组织(OIML)、国际理论与应用化学联合会(IUPAC)、国际理论与应用物理联合会(IUPAP)和国际临床化学联合会(IFCC)等7个国际组织成立专门的工作组,起草关于测量不确定度评定的指导性文件,并于1993年以7个国际组织的名义联合发布了《测量不确定度表示指南》(*Guide to the Expression of Uncertainty in Measurement*)。1999年,我国发布了《测量不确定度评定与表示》(JJF 1059—1999)。2012年,对该技术规范进行修订,发布《测量不确定度评定与表示》(JJF 1059.1—2012)及其补充件《用蒙特卡洛法评定测量不确定度》(JJF 1059.2—2012),规定了测量不确定度的评定与表示方法。

公路工程试验检测行业对专业量值开展不确定度评定,自2011年中国合格评定国家认可委员会(CNAS)提出"所有获得认可的实验室,应有能力对每项有数值要求的测量结果进行测量不确定度评估"开始。目前,不确定度评定仍是试验检测机构日常工作中较为薄弱的环节。

本书正是在这样的背景下,为了加强试验检测机构对测量不确定度评定工作的重视,解决试验检测人员不会评定的问题,实现公路工程试验检测结果质量的可评价而编写的。本书共4章,第1章是绪论,简要介绍了测量不确定度的发展历程和现状;第2章是测量不确定度的应用,介绍了测量不确定度评定的目的、适用的领域、范围、条件以及在公路工程专业领域的应用;第3章是测量不确定度的评定与表示,介绍了不确定度评定的步骤、方法以及结果报告与表示;第4章是公路工程试验检测结果的不确定度评定实例。

本书由刘璐、刘静、耿雷主编,蔡嘉程、陈磊、张冰、程炳莉、王成林、王帅参编。由于作者的水平所限,时间仓促,书中难免会存在疏漏和不足之处,敬请广大读者多提宝贵意见,批评指正。

作 者

2024 年 3 月

目 录

1 绪论 ·· 001
　1.1 测量不确定度概述 ··· 001
　1.2 测量不确定度评定代替误差评定 ·· 002
　1.3 测量不确定度评定的发展历程 ·· 003
　1.4 国内外测量不确定度发展现状 ·· 009

2 测量不确定度的应用 ··· 016
　2.1 贯彻 JJF 1059.1—2012 的目的 ·· 016
　2.2 JJF 1059.1—2012 的适用范围和适用条件 ······································ 017
　2.3 测量不确定度适用的领域 ·· 021
　2.4 测量不确定度评定在公路工程专业领域的应用 ································· 024

3 测量不确定度的评定与表示 ·· 031
　3.1 统计学的基本知识 ·· 031
　3.2 测量不确定度评定相关的术语 ·· 038
　3.3 不确定度与误差的区别与联系 ·· 045
　3.4 测量不确定度的评定方法 ·· 048
　3.5 测量不确定度的报告与表示 ··· 073
　3.6 公路工程试验检测结果的不确定度评定 ·· 077

4 公路工程试验检测结果的不确定度评定实例 ·· 084
　4.1 水泥抗折强度检测结果的不确定度评定 ·· 084
　4.2 沥青针入度检测结果的不确定度评定 ··· 087
　4.3 沥青软化点检测结果的不确定度评定 ··· 091
　4.4 沥青延度检测结果的不确定度评定 ·· 094

4.5 短脉冲雷达测试路面厚度检测结果的不确定度评定 …………………… 097
4.6 车载式激光平整度仪测试平整度检测结果的不确定度评定 …………… 100
4.7 贝克曼梁式弯沉仪测试路基路面回弹模量检测结果的不确定度评定 …… 102
4.8 自动弯沉仪测试路面弯沉检测结果的不确定度评定 …………………… 108
4.9 落锤式弯沉仪测试弯沉检测结果的不确定度评定 ……………………… 110
4.10 手工铺砂仪测试路面构造深度检测结果的不确定度评定 …………… 114
4.11 车载式激光构造深度仪测试路面构造深度检测结果的不确定度评定 … 117
4.12 摆式仪测试路面摩擦系数检测结果的不确定度评定 ………………… 119
4.13 双轮式横向力系数测试系统测试路面摩擦系数检测结果的不确定度评定
 ……………………………………………………………………………… 123
4.14 单轮式横向力系数测试系统测试路面摩擦系数检测结果的不确定度评定
 ……………………………………………………………………………… 127
4.15 沥青路面渗水系数检测结果的不确定度评定 ………………………… 131
4.16 沥青路面车辙检测结果的不确定度评定 ……………………………… 134
4.17 防水卷材拉伸性能检测结果的不确定度评定 ………………………… 137
4.18 板式橡胶支座抗压弹性模量检测结果的不确定度评定 ……………… 144
4.19 锚具静载试验效率系数检测结果的不确定度评定 …………………… 148
4.20 钢绞线应力松弛性能检测结果的不确定度评定 ……………………… 151
4.21 钢筋拉伸强度检测结果的不确定度评定 ……………………………… 157
4.22 混凝土氯离子含量检测结果的不确定度评定 ………………………… 160
4.23 混凝土电阻率检测结果的不确定度评定 ……………………………… 164
4.24 混凝土钢筋锈蚀电位检测结果的不确定度评定 ……………………… 166
4.25 混凝土回弹强度检测结果的不确定度评定 …………………………… 169
4.26 静态应力检测结果的不确定度评定 …………………………………… 174
4.27 静载试验测试基桩承载能力检测结果的不确定度评定 ……………… 177

参考文献 …………………………………………………………………………… 182

1 绪 论

1.1 测量不确定度概述

测量是按照某种规律,用数据来描述观察到的现象,即对事物作出量化描述。测量是对非量化实物的量化过程。在机械工程里面,测量指将被测量与具有计量单位的标准量在数值上进行比较,从而确定二者比值的实验认识过程。测量的目的是为了得到测量结果,但在许多场合下仅给出测量结果往往还不充分。任何测量都存在缺陷,所有的测量结果都会或多或少地偏离被测量的真值。因此,在给出测量结果的同时,还必须指出所给测量结果的可靠程度。由于测量不可能在绝对完善的条件下进行,因此需要定量地评价测量结果的准确性和可靠性。长期以来,测量误差一直被认为是评价测量结果质量的重要指标,但是由于测定大多数测量结果的误差都具有相对性,用误差来定量表示测量结果的质量是不合理且不科学的。在此情况下,测量不确定度逐渐引起人们的重视,它通过对测量结果的不确定性、不稳定性或怀疑性的定量评估,消除了测量误差评定的问题,有效地实现了对测量结果质量的统一评价。测量不确定度就是对测量结果质量的定量表征,测量结果的可用性很大程度上取决于其不确定度的大小。因此,测量结果必须附有不确定度说明才是完整并有意义的。

测量存在于科学技术、工农业生产、国内外市场贸易以及人民生活等各个领域,具有重要的现实意义。人们每天都在进行大量的测量,测量在我国的司法执法、维护消费者权益、保护资源和环境、医疗卫生、国防建设等方面起着越来越重要的作用。测量结果是否可信测量的质量如何,是人们极其关心的问题。测量的准确性和可信性可能直接影响到国家和企业的经济利益。测量的结果是科学研究成果的评价依据,也是产品检验合格判定、司法裁定等裁判的依据。例如:对出口货物称重不准就会造成很大的损失,多了白白送给外商,少了则要赔偿;对卫星的质量或对运载火箭燃料的质量若测量不准,就有可能导致卫星发射因推力不足而失败;在使用放射性治疗仪治疗疾病时,若对剂量测量不准,剂量太小,达不到治病的目的,延误治疗,剂量过大,则会对人体造成伤害。

测量不确定度的概念在测量历史上相对较新,其应用具有广泛性和实用性。正如国际单位制计量单位已渗透到科学技术的各个领域并被全世界普遍采用一样,无论哪个领域进行的测量,在给出完整的测量结果时也普遍给出了不确定度。尤其是在市场竞争激烈、经济全球化的今天,测量不确定度评定与表示方法的统一,是科技交流和国际贸易的迫切要求,它使各国进行的测量及其所得到的结果可以进行相互比对,取得相互承认或共识。因此,统一测量不确定度的表示方法并推广应用公认的规则,受到了国际组织和各个计量部门的高度重视。我国要取得国际经济和市场中的平等竞争地位,必须在各方面与国际接轨,特别是测量结果和测量不确定度的表述。

测量不确定度的大小能够较为直观地反映出测量水平的高低,对测量不确定度的评定就是对测量结果质量的评价。测量不确定度评定的目的是对测量不确定度进行评估,评定的结果可以说明检测结果的水平是否符合要求,为测量工作的质量评价提供依据。测量不确定度的评定在测量中有着十分重要的意义,对测量不确定度的准确评定就表示能够更加准确地反映对测量结果可信性、有效性的怀疑程度。在进行实际测量时,由于测量人员、测量仪器设备、测试环境等许多因素的影响,每次测试的结果并不是同一值,而是以一定的概率分布在一个范围内的许多个值,测量不确定度是以误差理论为基础的关于被测量值分散性规范化、统一化的定量表达形式,合理、正确地评价测量不确定度是现代科技发展的重要保证。

1.2　测量不确定度评定代替误差评定

1862 年,傅科(Foucault)采用旋转镜法在地球上测量光的速度时,给出的测量结果为:$c = (298000 \pm 500)\,\text{km/s}$。在给出测量结果的同时,还给出了测量误差。虽然误差的概念早就出现,但在采用传统方法对测量结果进行误差评定时,遇到了两个方面的困难:逻辑概念的问题和评定方法的问题。

1.2.1　逻辑概念的问题

《通用计量术语及定义》(JJF 1001—1998)中规定测量误差的定义是"测量结果减去被测量的真值"。测量在观测时所具有的真实大小称为真值,只有通过完善的测量才有可能得到真值,但任何测量都是存在缺陷的,因此,严格意义上的真值是无法得到的,真值只是一个理想概念。

在误差的注解中,同时还指出:"由于真值不能确定,实际上用的是约定真值。"约定真值,实际上是个估计值,除了本身就存在误差,另外有时也不好得到,例如:测量地球与月球之间的距离时,我们无法找到约定真值。

1.2.2 评定方法的问题

误差评定遇到的第二个问题是评定方法的不统一。在进行误差评定时,通常要求先找出所有需要考虑的误差来源,然后根据这些误差来源的性质将它们分为随机误差和系统误差两类。

随机误差用多次重复测量结果的标准偏差来表示。如果有一个以上的随机误差分量,则将它们按方和根法,也就是各分量先求平方和,再求平方根,进行合成,得到测量结果的总随机误差。由于在正态分布情况下,标准偏差所对应区间的包含概率仅为 68.27%,而通常都要求给出对应于较高包含概率的区间,因此常常将标准偏差扩大,用两倍或三倍的标准偏差来表示随机误差。系统误差则用该分量的最大可能误差,即误差限来表示。在多个系统误差分量的情况下,同样采用方和根法将各系统误差分量进行合成,得到测量结果的总系统误差。

测量结果的总误差由总随机误差和总系统误差再次按照方和根法合成得到,问题正是来自最后随机误差和系统误差的合成方法上。由于随机误差和系统误差是两个性质不同的量,随机误差用标准偏差或其倍数表示,在数轴上它表示为一个区间或范围;系统误差用可能产生的最大误差表示,在数轴上它表示为一个点。由于在数学上无法解决两个不同性质的量之间的合成问题,所以长期以来在随机误差和系统误差的合成方法上一直无法统一。不仅各国之间不一致,即使在同一国家内,不同的测量领域、甚至不同的测量人员所采用的方法往往也不完全相同。例如:苏联的国家检定系统表中就曾分别给出计量标准的总随机误差和总系统误差两个技术指标,而并不给出两者合成后的总误差,两者如何合成的问题由使用者根据具体情况考虑。美国的有些国家基准出于安全可靠的考虑,也有以随机误差和系统误差之和作为其总误差,因为无论用哪种方法合成,采用算术相加的方法得到的合成结果最大。我国过去大部分测量领域中习惯上仍采用方和根法对随机误差和系统误差进行合成。

误差评定方法的不一致,使不同的测量结果之间缺乏可比性,这与当今全球化市场经济的飞速发展不相适应。社会、经济、科学的进步和发展都要求改变这一状况,在这种背景下,用测量不确定度来统一评价测量结果的质量是必然结果。

1.3 测量不确定度评定的发展历程

不确定度一词在科学上有记载的出现要追溯到 20 世纪初,德国青年物理学家海森堡(Heisenberg)发现无法用数学语言表述云室中的电子径迹,人们所观察到的电子径迹并非其真正的轨迹,因为能够观测到的电子具有不确定的速度和位置,即某一波动在频率上被辨析得越精确,那么其空间位置就相应越模糊,反之亦然。因此,他认为描述一个物理量物理学意义上的位置或动量,就需要用一个能够测量该物理量位置或动量的实验来表达才有意义。Heisenberg 的观点为后来量子力学的经典理论"不确定性原理"奠定了基础,说明任何科学实验在一定程度上都存在局限性,理论上完美的科学度量是不存在的,即使测量仪器或方法随着科技发展而不断改进,也不可避免地存在不确定性。该理论本质上规范了科学在超越统计学范畴的情况下,不能给出具体问题的预测。即在分析大量数据的基础上,统计学方法能够为科学活动给出可以信赖的依据,而依据个别数据则无法在科学上给出可靠证据。但起初的不确定度只是定性概念,表达科学活动中的不准确、不稳定或疑惑等意义,到 20 世纪 50 年代,如何定量表达测量中的不确定性问题引起了科学界的广泛关注,部分欧美发达国家的科研机构引入了"不确定度"来定量表征测量结果的精度。

1963 年,美国国家标准局(NBS)的数理统计专家艾森哈特(Eisenhart)在进行"仪器校准系统的精度和准确度估计"时提出了定量表示不确定度的建议,受到了国际社会的广泛关注。在此基础上,NBS 在研究和推广测量保证方案时,对不确定度的定量表示有了进一步的发展,促使不确定度逐渐被测量领域所接受,但当时的不确定度表示方法仍不能统一。

20 世纪 70 年代,在国际计量委员会(CIPM)的要求下,国际计量局(BIPM)成立了不确定度表示工作组,该组织于 1980 年在对世界上 32 个国家的国家计量院以及 5 个国际组织征求意见的基础上起草了一份建议书,即《实验不确定度评定建议书》[INC-1(1980)],向各国推荐了不确定度的表示原则,使测量不确定度的表示方法逐渐趋于统一。《实验不确定度评定建议书》[INC-1(1980)]全文如下:

(1)测量结果的不确定度一般包括几个分量,按数值的评定方法,这些分量可归入两类:

A 类:用统计方法计算的那些分量;

B 类:用其他方法计算的那些分量。

对于不确定度的分类,A 类和 B 类与以前用的"偶然"和"系统"不一定存在简单的对应关系。"系统不确定度"这个术语可以引起误解,应避免使用。

任何详细的不确定度报告应该有各分量的完整表格材料,每个分量应说明其数值的获得方法。

(2)A 类分量用估计方差 S_i^2(或估计标准差 S_i)和自由度 v_i 表达。必要时,应给出估计协方差。

(3) B类分量用 U_j^2 表征。可以认为 U_j^2 是假设存在的相应方差的近似。可以像方差那样去处理 U_j^2，并像标准差那样去处理 U_j。必要时，也应给出协方差。

(4) 用对方差合成的通常方法，可以得到表征合成不确定度的数值。应以"标准差"形式表示合成不确定度及其分量。

(5) 对特殊用途，若须对合成标准不确定度乘以一个因子获得总不确定度时，必须说明此因子的数值。

1981年，第70届国际计量委员会大会对该建议书进行了讨论，并批准发布了CI-1981建议书，即"实验不确定度的表示"，该建议书向各国推荐了测量不确定度的评定与表示的原则，对不确定度的评定提出了要求，对不确定度的表示进行了统一。

1986年，在CIPM的要求下，由国际标准化组织(ISO)、国际电工委员会(IEC)、国际计量局(BIPM)、国际法制计量组织(OIML)、国际理论与应用化学联合会(IUPAC)、国际理论与应用物理联合会(IUPAP)和国际临床化学联合会(IFCC)组成了国际不确定度工作组，负责制定用于计量、标准、质量、认证、科研、生产中的不确定度应用指南。1993年，经国际不确定度工作组多年研究、讨论，并征求各国及专业组织意见，在《实验不确定度评定建议书》[INC-1(1980)]的基础上，制定了《测量不确定度表示指南》(*Guide to the Expression of Uncertainty in Measurement*)(简称GUM)，这个指南由国际标准化组织(ISO)出版，由BIPM、IFCC、IUPAC、IUPAP、IEC、ISO、OIML七个国际组织批准和发布，并于1995年进行了修订和重印。GUM的目的是强调如何给出测量不确定度评定的完整信息，并提供测量结果国际相互比较的基础。所以，GUM对测量不确定度的术语、概念、不确定度合成的评定方法、测量结果及不确定度报告的表示方法等，作出了明确的规定。1993年，与GUM相呼应，为使不确定度表示的术语和概念相一致，发布了新版《国际通用计量学基本术语》(*International Vocabulary of Basic and General Terms in Metrology*,简称VIM)。国际公认的GUM与VIM一经公布，得到了广泛的应用和发行，这两个文件为全世界统一测量结果的不确定度评定和表示奠定了基础。美国、英国、加拿大、韩国等许多国家、国际组织、实验室认可合作组织都在1995年后相继采用GUM制定了本国或本组织的不确定度表示指南，这使得不同测量领域、不同国家和地区在评定和表示测量不确定度时能够统一相关的含义。

1998年，计量导则联合委员会(JCGM)成立，最初由BIPM、IEC、IFCC、ISO、IUPAC、IUPAP和OIML的代表组成。2005年，国际实验室认可合作组织(ILAC)作为成员参与其工作。JCGM有两个工作组：第1工作组(JCGM/WG1)名为"测量不确定度表示工作组"，任务是推广应用及补充完善GUM；第2工作组(JCGM/WG2)名为"VIM工作组"，任务是修订 VIM 及推广其应用。2004 年,JCGM/WG2 向 JCGM 代表的 8 个组织提交了 VIM 第 3 版的初稿意见和建议,VIM-3 最终稿于 2006 年提交 8 个组织批准,于 2007 年发布,并将《国际通用计量学基本术语》更名为《国际计量学词汇　基础和通用概念及相关术语》(ISO/IEC Guide 99:2007)。VIM-3 首次将化学和实验室医学测量包含进来,同时还加入了一些其他概念,诸如涉及计量溯源性、测量不确定度、标称特性等。2008 年,JCGM/WG1 将 1995 版 GUM 提交给 JCGM,以 ISO、IEC、BIPM、OIML、IUPAC、IUPAP、IFCC 和 ILAC 等 8 个国际组织的名义发布,并命名为《测量不确定度表示指南》(ISO/IEC Guide 98-3:2008)(GUM)。2008 年发布了《用蒙特卡洛法传播概率分布》(ISO/IEC Guide 98-3/Suppl.1:2008),这是计量导则联合委员会(JCGM)发布的不确定度表示的补充材料 1,该文件仅限于单一输出量且输出值是唯一的情形。对于单一输出量多个输出值、多个输出量等情形,JCGM/WG1 于 2011 年 10 月发布了《扩展到任意个输出量》(JCGM 102:2011)。

ISO/IEC Guide 98 的总名称是《测量不确定度》,包括以下各部分:

(1)《对测量不确定度表示的介绍》(ISO/IEC Guide 98-1:2008);

(2)《测量不确定度表示指南》(ISO/IEC Guide 98-3:2008)(GUM),其内容与 GUM:1995 基本相同,仅做了少量修改;

(3)《用蒙特卡洛法传播概率分布》(ISO/IEC Guide 98-3/Suppl.1:2008),它是 ISO/IEC Guide 98-3:2008 的一个补充件。

标准在计划中待制订的部分:

(1)第 2 部分:概念和基本原理;

(2)第 4 部分:测量不确定度在合格评定中的作用;

(3)第 5 部分:最小二乘法的应用。

ISO/IEC Guide 98-3 计划中待制订的补充件:

(1)补充件 2:具有任意多个输出量的模型;

(2)补充件 3:模型化。

测量不确定度的概念以及不确定度的评定和表示方法的采用,是测量科学的一个新进展。从 1963 年提出测量不确定度的概念,到 1993 年正式发布测量不确定度评定的指导性文件 GUM,整整花费了 30 年时间,可见改用测量不确定度来对测量结果的质量进行评价并不是一个简单的任务,也不是仅依靠少数几个科学家能做到的,它汇集了世界各国计量学家的经验和智慧。即便是看起来十分简单的测量不确定度的定义表述本身,也经过多次改动。至于测量不确定度的评定和表示方法,更是经历了不断的完善和改进,最后才形成了 GUM 这样系统而完整的文件。GUM 对所有术语的定义和概念、测量不确定度的评定方法以及不确定度报告的表示方法作了明确的统一规定,因此它代表了当前国际上在表示测量结果及其不确定度方面的约定做法。它使不同的国家和地区,以及不同的测量领域在表示测量结果及其不确定度时,具有相同的含义。GUM 的特点包括:

（1）GUM 是由 8 个权威组织历经反复研究讨论并在征求各国意见的基础上制定的,具有国际权威性。

（2）GUM 是指导性技术文件,在术语定义、概念、评定方法和报告表达方式上都作了统一规定,并有许多解释性的内容。其利用附录的形式还回答了许多应用时所遇到的问题,并给出了许多实例,具有很强的操作性和实用性。

（3）GUM 代表了当前国际上在表示测量结果(包括测量不确定度)时的约定做法,让全世界不同地区、不同学科、不同领域(包括工程、商业、工业、法规等)在表述测量结果和测量不确定度时具有统一的标准,便于理解、翻译和比对,它对推动科技进步和促进国际交流具有重要意义。

（4）现在,各国都将 GUM 方法转化为本国标准或技术规范加以推广应用。为正确执行 GUM 方法,许多实验室或计量组织,例如美国国家标准与技术研究院(NIST),制定了本单位的实施指南。一些区域性和全球性的国际组织,也都强调用 GUM 方法来表示带有测量不确定度的测量结果。在国际杂志上发表的论文或评论,以及校准证书和测试报告等文件上,基本上都已采用了测量不确定度。测量不确定度已经被越来越多的人所理解和应用。

我国于 1991 年制订了《测量误差及数据处理(试行)》(JJG 1027—1991),参考的国际上的主要文献是 INC-1 和国际标准化组织计量技术顾问组第 3 工作组(ISO/TAG4/WG3)于 1989 年公布的《物理量测量中不确定度表示导则(第二稿)》。1996 年,中国计量科学研究院制定了《测量不确定度规范》。

1998 年,我国基于 VIM 第 2 版发布了《通用计量术语和定义》(JJF 1001—1998),其内容在 VIM 的基础上补充了法制计量有关的术语和定义。1999 年,我国发布了国家计量技术规范《测量不确定度评定与表示》(JJF 1059—1999)。该规范的基本术语以及测量不确定度的评定与表示方法与 GUM 完全一致,其与 JJF 1001—1998 构成了我国测量不确定度评定与表示的理论基础。JJF 1059—1999 实施后代替 JJF 1027—1991 中的测量误差部分,JJF 1027—1991 中有关计量器具准确度的评定部分也已被《测量仪器特性评定》(JJF 1094—2002)取代。JJF 1027—1991 中有关测量误差部分在 JJF 1059—1999

中作了大量修改与补充,其中涉及的有重要变化、需引起注意的问题(不包括补充的新内容)主要有以下几个方面：

(1)明确了测量误差与不确定度之间的原则区别,对不确定度给出了新的定义。

(2)改变了随机误差、系统误差的定义,不再提粗大误差而只提测量结果中的异常值。

(3)总不确定度一词由扩展不确定度所代替。

(4)不确定度的 A 类分量与 B 类分量不再采用不同的符号 s_i 与 u_j,而统一用小写字母 u 表示,一般记作 u_i。

(5)在概率 $p=95\%$ 时,也必须明确指出 p,而不是只在 $p \neq 95\%$ 时才给出 p 值。

(6)在计算扩展不确定度 U 或 U_p 时,不再采用把合成标准不确定度中的各个分量 $u_i(y)$ 分别先乘以各自的 t 因子 $t_{68}(\nu_i)$ 作为一次扩大计算出 $u_c(y)$,然后再按 $p=95\%$ 或 $p=99\%$ 分别取 $k=2$ 或 $k=3$ 的计算 U_{95} 或 U_{99} 的方法。JJF 1059—1999 按 GUM 规定,只能用 $U=ku_c(y)$ 或 $U=k_p u_c(y)$(这时输出量估计值的分布是接近正态分布,要计算有效自由度 ν_{eff};或是其他已知分布)的评定方法。

(7)JJF 1059—1999 中删去了评定标准不确定度的几种其他简化方法,如最大残差法、最大误差法等,而只保留了极差法一种。JJF 1027—1991 中曾明确提出使用这些简化的评定方法时,重复次数 n 一般应多于 6 次,而 JJF 1059—1999 未强调这一点,反而指出极差法一般用于重复测量次数较少的情况下。JJF 1027—1991 强调了次数太少时所获得的标准偏差 s 太不可靠,JJF 1059—1999 指出,在 $n=4$、$n=9$ 这样次数较少时,得出 s 十分简单,如当 $n=4$ 时, $s \approx R/4$,当 $n=9$ 时, $s \approx R/9$(这里 R 分别为 $n=4$ 与 $n=9$ 时得到的极差)。实用中应注意的是,由此获得 s 的自由度 $\nu \neq n-1$,而是 $\nu < n-1$。

1999 年以来,中国合格评定国家认可委员会(CNAS)发布了一系列测量不确定度评定规范文件或指南文件,包括《测量不确定度评估和报告通用要求》(CNAS—CL07)、《测量不确定度要求的实施指南》(CNAS—GL05)等,这些指南或规范文件构成了我国实验室认可中测量不确定度评定的框架。

现阶段,最新的《测量不确定度评定与表示》(JJF 1059.1—2012)是 JJF 1059—1999 的修订版本,修订的依据是《测量不确定度表示指南》(ISO/IEC Guide 98-3:2008),增加了 JJF 1059.2 和 JJF 1059.3 两个部分,《用蒙特卡洛法评定测量不确定度》(JJF 1059.2—2012)制定的依据是《用蒙特卡洛法传播概率分布》(ISO/IEC Guide 98-3/Suppl. 1:2008),《测量不确定度在合格评定中的使用原则》(JJF 1059.3—2012)制定的依据是《测量不确定度在合格评定中的作用》(ISO/IEC Guide 98-4)的草案稿(JCGM 106—2009)。

与 JJF 1059—1999 相比，JJF 1059.1—2012 主要修订内容有：

（1）所用术语采用《通用计量术语及定义》（JJF 1001—2011）中的术语和定义。更新和增加了部分术语，并以"包含概率"代替了"置信概率"。

（2）弱化了给出自由度的要求，只有当需要评定 U_p 或用户为了解所评定不确定度的可靠程度而提出要求时，才需要计算和给出合成标准不确定度的有效自由度 ν_{eff}。

（3）从实用角度出发规定：一般情况下，在给出测量结果时报告扩展不确定度 U。在给出扩展不确定度 U 时，一般应注明所取的 k 值。若未注明 k 值，则 $k=2$。

（4）增加了测量不确定度的应用，包括关于校准证书中报告测量不确定度的要求、实验室的校准和测量能力的表示方式等。

1.4 国内外测量不确定度发展现状

经过多年的发展研究，不确定度的基本理论体系已经形成，但当前不确定度评定仍通常基于 GUM 所提供的简化方法，对于复杂随机过程不确定度的分析和量化，始终是国内外学者研究的难点问题。近年来，随着科技飞速发展，光电技术、微处理技术、自动化技术、图像显示技术、数字化技术等得到广泛应用，计算机辅助测量、智能化技术等也日渐发展，促使各种现代不确定度评定方法不断涌现，在不确定度评定方面的科学研究也更加深入、简洁。目前，不确定度评定的方法主要包括灰色理论评定方法、模糊评定方法、蒙特卡洛评定方法、贝叶斯评定方法等。

1.4.1 不确定度理论发展现状

测量不确定度理论是测量科学理论体系的重要分支和重点研究内容，也是科学活动中保证获取信息可靠性和提高测量准确度的重要手段。以 GUM 为基础的经典测量不确定度理论体系在特定条件下能够解决大部分静态测量的不确定度评定问题，但随着科技发展，其在实际应用中的局限与不足日益明显，尤其是在精密工程、动态测量等领域，依据 GUM 无法实现准确的不确定度评定，甚至可能得出错误评价结论。现阶段不确定度评定的主要理论有：

（1）灰色理论评定。

灰色理论不确定度评定方法对样本量要求较低，不需要已知动态系统测量数据分布类型，既适用于统计不确定度问题，也适用于非统计不确定度评定问题，尤其适用于小测量样本或统计规律难以确定的测量系统，因此适用范围非常广泛，运算简便，具有很强的实用价值;但灰色理论不确定度评定方法需要保证测量数据已经进行粗大误差剔除,且没有系统误差。陈栋等利用测量不确定度灰色评定方法求得的结果相对误差只有0.2%,并且接近贝塞尔公式求得的结果,该方法对测量数据个数和概率分布均无特殊要求,尤其适合于小样本测量数据不确定度的评定,弥补了传统方法评定的不足。

(2)模糊理论评定。

当测量数据比较少且分布难以估计的情况下,用GUM评定方法就很难进行测量不确定度的评定。模糊评定法是将经典集合理论模糊化,并引入语言变量和近似推理的模糊逻辑,建立新的测量不确定度的评定模型,并通过一定的手段来逼近测量不确定度最优解的方法。吕晓娟等针对新一代GPS测量不确定度的评定和认证,应用模糊集合理论,建立了测量不确定度的评定模型。通过仿真及计算实例验证,此方法对于分布条件难以确定、小容量样本的测量不确定度评定,结果比较可靠。同时,该方法是通过最大模范数最小的逼近方法来获得最优解,编程简单。

(3)蒙特卡洛理论评定。

蒙特卡洛不确定度评定方法能够通过大量的简单随机抽样确定随机数据的模型,此方法不需要已知测量数据的分布类型,可利用计算机进行数值模拟,操作简便且易于实现。不确定度是具有概率分布的统计量,采用蒙特卡洛统计试验方法获得的合成不确定度,能够有效处理测量数据不易测得或不易大量获得的情况,且更加容易真实地模拟随机过程。基于蒙特卡洛方法合成不确定度,首先需要根据具体的测量过程建立模型,利用MATLAB软件在计算机上编程来实现各个输入量的模拟随机抽样,并计算所得模拟输出量作为测量的样本信息,最终确定模拟样本的分布类型并计算其合成不确定度。在解决一些较复杂的测量系统问题时,若想要提高评定精度,需要增加模拟次数。学者陈雅的研究表明,与GUM中的方法相比,基于蒙特卡洛数值模拟方法的测量不确定度评定具有限制因素少、不受输入量相关性以及模型复杂性的影响、不受输入量分布的影响、不用假设被测量的分布、不必计算偏导数和有效自由度等优点。

(4)贝叶斯理论评定。

贝叶斯不确定度评定方法能够充分利用历史先验信息和当前样本信息及其模型信息,通过统计推断得到后验分布,进而实现对不确定度的评定。此方法对样本量的要求较低,适用范围非常广泛。采用贝叶斯原理获得的后验部分,能够融合历史信息和实时样本信息,对先验信息进行修正。当不确定度评定过程中获得新信息时,只要将该信息看作是先验信息,与实时的样本信息相结合,就能够修正原有的不确定度评定模型,从而方便快速地获得并预测随机过程的不确定度信息。姜瑞等的研究表明,贝叶斯不确定度评定方法能够充分融合历史先验信息和当前样本信息,使测量信息的不确定度随测量过程实时连续更新,及时反映测量系统状态的最新信息。其中,无信息先验下的贝叶斯不确定度评定方法并没有融合实际测量数据,其不确定度评定和更新结果波动很大;而共轭先验和最大熵先验建立的贝叶斯不确定度动态评定模型,通过多次数据融合,不确定度趋于理论值。

(5)基于误差理论评定。

误差是实验科学术语,指测量结果偏离真值的程度。数学上称测定的数值或其他近似值与真值的差为误差。误差理论即研究实验中误差情况的一门理论,误差理论是测试技术仪器仪表及工程实验等领域不可缺少的重要理论基础,它在科学与生产实践中起着重要作用。林洪桦认为误差理论随着科技的飞跃发展而不断地发展,测量不确定度评定技术也应随之有所进展,从传统正态分布误差扩展至非正态分布误差,尤其是非对称分布误差的分析与统计处理。实践表明,非正态误差是客观存在的,因而近年来广泛开展对非正态误差各种概率分布形式描述、评定指标、估算及合成等方面的探讨,尤其是对利用高阶矩或累积量分析方法与概率分布的级数展开法、统示法的研究。

①在传统最小二乘法基础上扩展至各种最小距离准则的处理方法。

为适应各种不同专业领域技术要求、不同数据统计特性条件等,需要扩展至其他最小范数或最小距离准则下的处理方法,如残差绝对值和为最小的最小一乘法、残差最大值为最小的最小二乘法,以及其他的最小距离法等。此外,为了适应各种不同应用场合而发展其处理方法,如采用正交变换、特征值或奇异值分解等算法、各种形式加权处理等,以及非线性模型处理方法等。

②从传统的最佳统计处理扩展至稳健统计处理。

因为实际数据常难以满足独立性、正态性、无异常外部干扰或称"污染"等最佳性假定条件,而偏离这些条件,所采用的最佳估计或拟合方法将失去其最佳性,甚至会失效。而稳健估计和拟合方法可在数据稍有偏离原假定的概率分布模式,及受少量粗大误差或一些异常小误差污染下,仅使其估计或拟合结果作较小改变,其他仍基本上保持原有最佳性而不致失效,故稳健统计已成为现代数据处理中颇具活力的分支。

③从传统统计处理方法扩展至贝叶斯统计处理方法。

不仅只依靠现有数据作统计处理,而是再充分利用已有知识、经验、资料等先验信息,一起进行贝叶斯统计处理,以得出更为准确、可靠的结果,不确定度 B 类评定方法就考虑到应用这一统计原理。

④从概率统计分析方法扩展到熵分析及熵优化分析方法。

依据熵可作为信息不确定的唯一性度量,熵最大就意味着最大不确定性,以及每种随机变量概率分布都对应着一个熵值(逆转对应并不成立)等原理,即可用误差熵值反映其离散度,形成熵分析方法。又为避免求解具有多种可能解的各种不适定问题,只依据所得的数据含有的全部信息,而不再作任何主观假定,即在最不确定性(即最大熵准则)下求出不适定问题的解,简称最大熵方法。进而在依据数据及所要求的约束条件上,又有已知的知识、经验、资料等可靠先验信息可用时,为使两种信息最大限度地相符合,即相互间的不确定性应最小,而按最小互熵准则来解题,简称最小互熵方法。于是可统归为熵分析与熵优化方法,这种方法的特点在于可不涉及概率分布的主观假定。

⑤从静态测量数据处理扩展到动态测量数据处理。

基于随机变量统计方法静态测量数据处理在变量动态测量广泛应用下已不尽适用,需扩展至基于随机过程的统计方法。尤其是长过程测量,包括变量测量过程和常量重复测量过程(如在线测量或质量控制中的长期监测等),为适应其未知复杂变化规律,及跟踪分析、处理和显示其时变统计特性(即特性量、技术参数或评定指标等),出现了各种自适应统计处理方法,包括各种递推式算法,以及近年来兴起的着重于精确描述上的移动式算法。

实施 GUM 实质上是对测量误差的一种(被测量值的分散性)定量表示起到规范化作用,今后对 GUM 进行修订、补充及扩展等显然仍应基于误差理论。

(6)精度理论评定。

精度是精密工程的基本保障,现代精度理论包含"硬""软"两个方面,前者指系统硬件精度,是系统在设计中精度的考量和描述,本书所述的精度理论属后者,指的是系统输出精度,即测量后的数据处理和精度评价,评价结果反映测量值与被测量真值接近的程度。某一测量过程的精度高低可由误差大小来表示,当测量误差较小时则认为该测量是较准确的,因此精度通常又称作测量准确度。测量精度包含系统误差和随机误差对测量结果的综合影响。其中系统误差对测量的影响程度表征为测量正确度。重复测量所得示值的一致性用测量精密度来表示,反映随机误差的影响。程银宝等学者通过结合经典精度理论,按照不确定度评定黑箱模型的原理,建立了测量不确定度评定的普适性模型。该模型的不确定度概算和不确定度分量描述的是对测量过程的总体影响,为了利用不确定度概算的优势,可打开低分辨力的初始黑箱模型,逐级白化作更为详细的不确定度概算,以保证同一不确定度来源在概算中不重复出现。通过三坐标机(CMM)不确定度评定实例验证所述的测量不确定度评定方法符合 GUM 基本原理,具有较强的可操作性和实用性。

1.4.2 不确定度评定方法发展现状

(1)测量不确定度的简化评定。

影响测量不确定度的因素众多,测量不确定度的计算是相对复杂的,准确计算测量不确定度费时亦费力。由此,关于测量不确定度计算的简化估算法应运而生。例如:贵州省产品质量检验检测院的刘云虎提出了"测量不确定度在多种情况下的简易估算方法";钱绍圣等人在"测量不确定度的简便评定与表示"一文中就扩展不确定度的简化评定作了研究,其内容包括 B 类不确定度的简化评定、合成不确定度的评定、相关性的避开、包含因子 k 的简化评定、有效自由度等。

虽然这些估算方法在节约试验时间和提高工作效率上取得了很好的成效,但是大部分简化方法都是在试验数据精度要求不是非常高的基础上,采用的具有一定近似性的估算方法。而这些估算往往是被人为确定或有意忽略了某些相关性问题的,这就不能不引起人们对这些简化方法的准确性的质疑。针对这一问题,中国计量学院的宋明顺等人对测量不确定度评定中忽略相关项所带来的风险进行了评估和研究,文章中不仅给出了评估这种风险的计算公式,还建议在测量不确定度评定的报告中相应地给出由于简化而忽略相关性问题所带来风险的估计值。这一研究不仅有助于测量不确定度评定简化计算方法的推广和运用,而且使得测量不确定度方法更加全面系统。

(2)测量不确定度非统计评定方法。

由于各种试验条件的局限性,在实际测量的过程中,既不可能保证试验条件的一致性,也无法获得大量全面且明确分布的数据。因此,常规的 A 类不确定度评定方法和 B 类不确定度评定方法,往往不能取得非常可靠的评定结果。在这种情况下,越来越多的学者开始进行基于非统计方法的测量不确定度评定的研究。

德国联邦物理技术研究(PTB)学者 Elster 对马尔可夫链-蒙特卡洛方法、贝叶斯方法在具体测量任务的不确定度评定中的应用有广泛而系统的研究,Elster 通过模拟动态测量系统,并改进算法对测量序列进行去卷积运算,有效估计动态不确定度。此外,瑞典国家技术研究所的 J. P. Hessling 采用滤波器进行不确定度评定,通过输入输出关系建立测量系统模型,根据所建立的模型构建数字滤波器,对不确定度进行估计,将其与其他因素引起的不确定度分量进行合成。智利学者 I. Lira 和奥地利学者 D. Grientschnig 利用贝叶斯方法处理不可重复的系统效应的余弦误差,还讨论了利用现有信息如何导出概率密度函数的相关特征参数等问题。美国犹他州立大学的 K. Horne 等利用蒙特卡洛方法对振荡容器黏度测量的不确定度进行了估计,给出了完整测量结果的不确定度报告。英国谢菲尔德大学的 A. O'Hagan 研究了专家知识在计量中的应用。挪威奥斯陆大学的 L. Li 等将贝叶斯方法应用于水文建模的不确定性评估中。王中宇和秦平以灰色系统理论为基础提出的测量不确定度评定方法以及吕晓娟等人基于模糊集合理论的不确定度评定方法的研究，都是测量不确定度非统计方法中的典范。这些新方法在对于测量数据少及其分布不明确时测量不确定度的评定是非常适用的，不仅简单易行，并且通过实例证明具有较高评定精度，是对传统评定方法的一个有益补充。北京理工大学的林洪桦教授对现代不确定度评定的基本特点与评定指标进行了分析，研究了对动态数据进行统计分析的现代不确定度评定方法，在现代不确定度评定分析和处理方面取得了一些成果。中国计量大学的宋明顺教授系统研究了蒙特卡洛方法在不确定度评定中的应用。合肥工业大学的陈晓怀教授长期关注现代不确定度评定理论及应用方面的研究，在现代不确定度评定模型建立及其应用等方面取得了一系列成果。

（3）动态测量不确定度评定。

动态测量理论问题的研究，是以电测技术，特别是示波技术的需求为起点而发展起来的。苏联学者于 19 世纪 80 年代，在关于示波器测量元件动态性能的著作中提出了动态测量的概念，但并未将其作为独立的问题提出。现代动态测量理论的发展，应以 1909 年发表的学术论文为起点。随后，随着科学技术和测量技术的进一步发展，动态测量越来越受到人们的重视，美国国家标准局建立了动态电测量工作组，并在 1974 年末举行了首次全会，在 1976 年伦敦第七届和 1980 年莫斯科第八届大会上，以及后来国际计量技术联合会（IMEKO）召开的大会上，都把动态测量列入会议议程。苏联分别于 1975 年、1978 年、1981 年和 1984 年在列宁格勒举行了"动态测量"全苏联讨论会，极大促进了动态测量的发展。近年来，国内外许多专家学者均致力于动态测量理论的研究。国内外的学者就动态测量的误差修正、数据处理、建模方法以及系统的动态响应特性等做了一定程度的研究，对动态测量理论的发展起到了不可忽视的作用。在实际动态测量过程中，测量结果的精度水平直接影响到产品的质量，甚至关系到国家和企业的经济效益。因此，对动态不确定度进行合理评定，成为各领域关注的重要议题。动态不确定度的分析与评定比静态要复杂得多，应当以随机过程理论为依据，充分考虑其时变性、相关性和随机性，以及测量系统的动态特性等。

《测量不确定度表示指南》中确定的测量不确定度定义在概念内涵上仍然适用于动态测量，也就是说，无论对静态测量还是动态测量，测量结果都应该带有测量不确定度这一参数，用以表征合理赋予被测量的值的分散性。为了更好地理解测量不确定度对动态测量结果质量的定量表征问题，需要对已有的测量不确定度定义在概念外延上做一些说明和补充:动态不确定度与动态测量结果相联系,用以合理表征动态测量结果的分散性,由于动态测量结果是一系列被测量的瞬时值的集合,是时间的函数,故动态不确定度即使在表现形式上是常数值,但其在本质上也应该是时间的函数,每一个被测量的瞬时值有一个唯一确定的动态不确定度瞬时值与之对应。罗云基于误差溯源进行了动态不确定度的研究,通过对动态测量系统的各项不确定度来源的详细分析对动态测量系统进行了不确定度评定,探讨了其动态不确定度的 A 类评定和 B 类评定方法以及动态不确定度的合成方法。

(4)在测量不确定度评定中应用计算机技术。

利用蒙特卡洛模拟法与 MATLAB 软件相结合,提出计算测量不确定度最大残差系数的新方法。测量不确定度计算的 Excel 表格和不确定度计算器等不确定度计算工具的出现,都标志着不确定度评定理论已经初步实现了与计算机技术的密切结合。

在较早的测量不确定度评定中,计算机技术的应用已经出现了。利用 VB、C++ 编程语言等计算分析试验结果不确定度的软件,不仅改善了测量不确定度评价手段,也提高了评价质量。

随着不确定度的不断推广和广泛应用,人们也发现,通常的系统评定单元都是一个独立于仪器外的系统,测试者要将系统测试数据完成后,才能输入到计算机进行处理。为此,有学者认为:从某种程度上说,计算机强大的信息处理能力未能充分发挥,其图形环境也没有被充分利用。基于这一点,陆绮荣等人在"基于 labview 平台的系统不确定度评定方法的实现"一文中,借助计算机强大的数据处理能力和虚拟仪器图形化编程工具,将不确定度 A 类和 B 类评定集合于一个操作平台。这种评定方法不仅可广泛运用于各类自动测试系统,而且可以提高测试系统数据处理的自动化程度。这一研究对于计算机技术在测量不确定度中充分发挥其作用具有重要的意义。

2 测量不确定度的应用

2.1 贯彻 JJF 1059.1—2012 的目的

(1)促进以充分完整的信息表示带有测量不确定度的测量结果。

当完成测量时,应该给出测量结果。如果给出测量结果时未给出其可信程度或可信的范围,这种测量结果是不完整的。因为测量结果是否有用很大程度上取决于其可信程度,也就是取决于测量的质量。如何给出完整的测量结果呢?虽然历史上曾经长期使用测量误差来表示测量结果的质量,但测量误差与测量不确定度是两个不同的概念,测量误差只能表示测量结果的量值与真值或参考值的偏差,不能从统计学上来表示测量结果的可信程度。所以,现在国际上约定的做法是用测量不确定度来表示测量的质量。带有测量不确定度的测量结果才是完整的和有意义的。给出测量不确定度时还应给出其有关的必要信息,这样才是充分的。

(2)为测量结果的比较提供国际上公认一致的依据。

GUM 是由国际标准化组织(ISO)等 8 个国际权威组织于 2008 年联合发布的。自 1993 年以来,GUM 经近 20 年的推广和应用,现已成为各国在表示测量结果时统一遵循的准则。JJF 1059.1—2012 是 JJF 1059—1999 的修订版,该规范修订的依据是国际标准,在评定和表示测量不确定度的方法以及术语和所用符号等方面均采用国际标准的规定,以便与国际接轨。该规范的贯彻为测量结果的表示提供了一个国际公认的方法,便于测量结果间的比较,将对测量不确定度应用在我国的进一步推广和深化起到推动作用。

(3)规范测量不确定度的评定与表示方法。

JJF 1059.1—2012 规定的测量不确定度评定方法有以下优点:①内部协调一致性:测量结果的不确定度可以从对不确定度有贡献的分量导出,与这些分量怎样分组没有关系,也与这些分量如何进一步分解为下一级分量无关。②可传递性:当上一个测量结果用于下一个测量时,其不确定度可作为下一个测量结果量值的不确定度分量。③具有广泛的适用性：在诸如工业、商业及与健康或安全等有关的一些领域中，往往要求提供一个较高概率的区间，也就是给出的测量结果是一个区间，被测量的值以 95% 或 99% 的概率在此区间内，规范规定的方法能方便地给出这样的区间及相应的概率，因此适用于绝大多数领域。

2.2 JJF 1059.1—2012 的适用范围和适用条件

2.2.1 JJF 1059.1—2012 的适用范围

（1）JJF 1059.1—2012 是一个通用规范，该规范适用于涉及有明确定义并可以用唯一值表征的被测量估计值的不确定度的评定与表示。

例如：直接用数字电压表测量频率为 50Hz 的某实验室的电源电压，电压是被测量，它有明确的定义和特定的测量条件，用的测量仪器是数字电压表，进行 3 次测量，取其平均值作为被测量的最佳估计值，其值为 220.5V，它是被测量的估计值并用一个值表征的。现有规范对这样的测得值进行测量不确定度评定和表示是适用的。

又如：通过对电路中的电流 I 和电压 V 的测量，用公式 $P = V/I$ 计算出功率值 P，这是属于间接测量，也符合有明确定义的并可用唯一值表征的条件，因此 JJF 1059.1—2012 是适用的。

（2）当被测量为导出量，其测量模型即函数关系式中的多个变量又由另外的函数关系确定时，对于被测量估计值的不确定度评定，JJF 1059.1—2012 的基本原则也是适用的，但是评定起来比较复杂。

例如：被测量功率 P 是输入量电流 I 和温度 t 的函数，其测量模型为 $P = C_0 I^2/(t + t_0)$，而电流 I 和温度 t 又由另外的函数确定：$I = V_s/R_s$，$t = \alpha\beta^2(t)R_s^2 - t_0$。评定功率 P 的测量不确定度时，该规范同样适用。

（3）当被测量呈现为一系列值的分布，或对被测量的描述为一组量时，被测量的估计值也应该是一组量值，测量不确定度应对应于每一个估计值给出，并应给出其分布情况及其相互关系。

（4）当被测量取决于一个或多个参变量时，例如以时间或温度等为参变量时，被测量的测得值是随参变量变化的直线或曲线，对于在直线或曲线上任意一点的估计值，其测量不确定度是不同的。测量不确定度的评定可能要用到最小二乘法、矩阵等数学运算，但 JJF 1059.1—2012 的基本原则也还是适用的。

(5)JJF 1059.1—2012 的基本原则也可用于在统计控制下的测量过程的测量不确定度的评定,但评定时需要考虑将测量过程的合并样本标准偏差作为 A 类评定的标准不确定度。

(6)JJF 1059.1—2012 也适用于试验、测量方法、测量装置和测量系统的设计和理论分析中有关不确定度的评定与表示,许多情况下是根据对可能导致不确定度的来源进行分析与评估来预估测量不确定度大小的。

(7)JJF 1059.1—2012 仅提供了评定和表示测量不确定度的通用规则,涉及一些专门测量领域的特殊问题的不确定度评定,如果必要,该规范鼓励各专业技术委员会以此规范为依据制定专门的技术规范或指导书。

2.2.2　JJF 1059.1—2012 的主要适用条件

JJF 1059.1—2012 是采用《测量不确定度表示指南》(ISO/IEC Guide 98-3:2008)中的方法进行测量不确定度评定,简称 GUM 法,其主要适用条件为:

(1)可以假设输入量的概率分布呈对称分布。

(2)可以假设输出量的概率分布近似为正态分布或 t 分布。

(3)测量模型为线性模型、可转化为线性的模型或可用线性模型近似的模型。

规范中的"主要"两字是指:从严格意义上来说,在上述 3 个条件同时满足时,GUM 法是完全适用的,但并不是在不满足这些条件的情况下绝对不能用。当其中某个条件不完全满足时,有些情况下可以作近似、假设或适当处理后使用。在测量要求不太高的场合,这种近似、假设或处理是可以接受的。但在要求相当高的场合,必须在了解 GUM 法适用条件后予以慎重处理。关于对 GUM 法适用条件的理解,具体如下:

(1)GUM 法适用于可以假设输入量的概率分布呈对称分布的情况。

在 GUM 法评定测量不确定度时,首先要评定输入量的标准不确定度,除了 A 类评定外(一般由各种随机影响造成测得值的分散性可假设为对称的正态分布),许多情况下是采用 B 类评定的,只有输入量的概率分布为对称分布时,才可能确定区间半宽度,用于通过 B 类评定得到输入量的标准不确定度。常用的对称分布有正态分布、均匀分布、三角分布、梯形分布、反正弦分布等。如果输入量呈指数分布、泊松分布等非对称分布时,一般来说 GUM 法是不适用的。实际情况中,有些输入量的估计值是由仪器测量得到的,仪器的最大允许误差可能是一个非对称的区间,甚至是单侧区间,此时,只有假设或近似为对称区间后才能进行 B 类评定。

(2)GUM 法适用于输出量的概率分布近似或可假设为正态分布或 t 分布的情况。

对于这一条应理解为:GUM 法适用于输出量 y 为正态分布、近似为正态分布或者可假设为正态分布,此时,$(y-Y)/u_c(y)$ 接近 t 分布的情况。

①当测量模型中输入量很多或确定输出量时导致不确定度的来源很多,各不确定度分量相互独立且大小相近时,可以认为输出量的概率分布近似为正态分布。例如:$Y=c_1X_1+c_2X_2\cdots c_NX_N$,如果其所有的输入量 X 用正态分布表征,则 Y 的分布也是正态分布的。然而,当输入量很多时,即使 X 的分布不是正态的,根据中心极限定理,Y 的分布通常也可以用正态分布近似。矩形分布是非正态分布的极端例子,但即使只有 3 个等宽度的矩形分布,其卷积仍接近正态分布(参见 ISO/IEC Guide 98-3:2008,G.2.1,G.2.2)。所以,许多情况下假设输出量接近正态分布是合乎实际的,GUM 中,约定采用 $k=2$ 的扩展不确定度 U,由它确定的包含区间的包含概率约为 95%,就是在接近正态分布的基础上得出的。

②若用算术平均值作为被测量(即输出量)的最佳估计值 y,其给定包含概率的扩展不确定度为 U_p。当 y 服从正态分布时,算术平均值与算术平均值的标准偏差之比服从缩放平移 t 分布,即 y/u_c 的分布为自由度为 ν_{eff}、输出估计值为 y、方差为 $(U_p/k_p)^2$ 的 t 分布。所以,GUM 中规定,可以用查 t 分布的 t 值表来确定包含概率为 p 的包含因子 k_p,从而得到 U_p 和包含概率为 p 的包含区间 $y\pm U_p$。

③当输出量的概率分布不能充分近似为正态分布或 t 分布时,也就无法应用中心极限定理提供一个相应于规定包含概率的包含区间(参见 ISO/IEC Guide 98-3:2008,G.2.1,G.6.6)。这种不充分近似可能会出现在以下情况之一时:

a. 起主导作用的输入量 X_i 的概率分布不是正态分布或 t 分布;

b. 测量模型是非线性的(当测量模型为非线性时,往往会改变输出量概率分布的形状);

c. 使用韦尔奇-萨特恩韦特(Welch-Satterthwaite)公式计算有效自由度时引入的近似误差不可忽略。

如果不能充分近似为正态分布或 t 分布,由 $k=2$ 的扩展不确定度 U 确定的包含区间的包含概率不是 95% 左右(可能远大于 95%),并且不能用查 t 分布的 t 值表来确定包含概率为 p 的包含因子 k_p 的方法得到 U_p。此时,需要确定输出量的概率分布,并根据它来确定包含因子 k_p 的值。例如:当输出量为均分布时,U_{95} 的包含因子 k_p 为 1.65,如何确定输出量的概率分布,如何根据分布来确定包含因子 k_p 的值,这个内容没有包含在 GUM 内。实际评定时,往往仍然约定采用 $k=2$ 的扩展不确定度,但要知道此时的包含概率不是 95% 左右。

④当输出量为非对称分布时,应特别注意不能用扩展不确定度来确定包含区间,此时GUM法是不适用的。

(3)GUM法适用于测量模型为线性模型、可转化为线性的模型或可用线性模型近似的情况。也就是说,测量函数在输入量估计值附近应近似为线性。在大多数情况下这是可以满足的。

GUM法的核心是用不确定度传播律计算合成标准不确定度。测量模型表示为 $y = f(x_1, x_2 \cdots x_N)$,不确定度传播律公式为:

$$u_c(y) = \sqrt{\sum_{i=1}^{N}\left(\frac{\partial f}{\partial x_i}\right)^2 u^2(x_i) + 2\sum_{i=1}^{N-1}\sum_{j=i+1}^{N}\frac{\partial f}{\partial x_i}\frac{\partial f}{\partial x_j}r(x_i,x_j)u(x_i)u(x_j)}$$

当各输入量间均不相关时,不确定度传播公式为:

$$u_c(y) = \sqrt{\sum_{i=1}^{N}\left(\frac{\partial f}{\partial x_i}\right)^2 u^2(x_i)}$$

式中,$\frac{\partial f}{\partial x_i}$ 是测量函数在第 i 个输入量 X_i 的估计值 x_i 处的一阶偏导数,它是函数曲线在 $X_i = x_i$ 点的斜率,又称灵敏系数。该不确定度传播公式中只涉及一阶偏导数,未包含二阶或更高阶的偏导数。

①当测量模型为线性模型时,只存在一阶偏导数,且一阶偏导数为常数,二阶或更高阶的偏导数均为0,所以对于线性模型,不确定度传播律公式完全适用。

例如:测量模型 $Y = A_1 X_1 + A_2 X_2 \cdots A_N X_N$,输出量与各输入量间均为线性关系,则该模型为线性模型,这种情况下完全可以用不确定度传播律公式计算合成标准不确定度。

②虽然测量模型为非线性模型,但只要能转化为线性模型,则不确定度传播律公式仍然可用。

例如:测量模型为 $Y = A X_1^{P_1} X_2^{P_2} \cdots X_N^{P_N}$,该模型属于非线性的模型,当 Y 具有以下形式时,可进行对数变换:

设 $Z = \ln Y, W_i = \ln Y_i$,可以使新的变量完全线性化为 $Z = \ln A + \sum_{i=1}^{N} P_i W_i$($\ln A$ 为常数)。不确定度传播律在该线性化情况下适用,因此:

$$u(Z) = \sqrt{\sum_{i=1}^{N}[P_i u(W_i)]^2}$$

由于 $u(z) = u(\ln y) = u(y)/y, u(W_i) = u(\ln x_i) = u(x_i)/x_i$,由此导出相应的合成标准不确定度公式:

$$\frac{u_c(y)}{y} = \sqrt{\sum_{i=1}^{N}[P_i u(x_i)/x_i]^2}$$

实际上,只要测量模型为 $Y = AX_1^{P_1} X_2^{P_2} \cdots X_N^{P_N}$,就可直接用该公式计算相对合成标准不确定度,不必在每次评定时进行线性化处理。

③当测量函数为非线性时,使用不确定度传播律公式是有条件的。

a. 可用泰勒级数展开,略去高阶项后,测量模型成为近似的线性模型,如果这种近似能够满足需求,且各输入量间不相关,则可以用不确定度传播律公式计算合成标准不确定度。

例如:测量模型为 $L = \dfrac{1}{1+\alpha\theta}[L_s(1+\alpha_s\theta_s) + d]$,该模型为非线性模型,按泰勒级数展开,忽略高阶项后得到近似的线性模型:

$$L \approx L_s + d + L_s(\alpha_s\theta_s - \alpha\theta)$$

各输入量间不相关,不确定度传播律在该线性化情况下适用。

计算时,有可能得到某个输入量的一阶偏导数为0,这种情况下,不要轻易断定该输入量的不确定度对输出量的测量不确定度没有贡献,还应该考虑其二阶偏导数。

b. 若偏导数不难求得,可以直接使用不确定度传播律公式计算出合成标准不确定度。但要认识到,这是基于一阶近似的。

c. 在高阶项不能忽略且输入量不相关的情况下,被测量的估计值 y 的合成标准不确定度 $u_c(y)$ 的公式中还应该增加高阶项。可按下式计算:

$$u_c(y) = \sqrt{\sum_{i=1}^{N}\left(\dfrac{\partial f}{\partial x_i}\right)^2 u^2(x_i) + \sum_{i=1}^{N}\sum_{j=1}^{N}\left[\dfrac{1}{2}\left(\dfrac{\partial^2 f}{\partial x_i \partial x_j}\right)^2 + \dfrac{\partial f}{\partial x_i}\dfrac{\partial^3 f}{\partial x_i \partial x_j^2}\right]u^2(x_i)u^2(x_j)}$$

总之,测量模型为线性时,测量不确定度传播律公式是严格成立的,而模型为非线性时,使用测量不确定度传播律是有条件的。由此可见,只有同时满足上述3个条件时,GUM法才完全适用。当上述适用条件不能完全满足时,一般采用一些近似或假设的方法处理;当怀疑这种近似或假设是否合理有效时,若必要和可能,最好采用蒙特卡洛法验证其评定结果;当GUM法不适用时,可以用蒙特卡洛法(即采用概率分布传播的方法)评定测量不确定度。

2.3 测量不确定度适用的领域

《测量不确定度评定与表示》(JJF 1059.1—2012)是测量不确定度评定的基本规范,规定了测量不确定度评定与表示的通用方法,它适用于各种准确度等级的测量领域,主要包括:

(1)国家计量基准及各级计量标准的建立。

适用于在建立计量基准或各级计量标准时,评定和给出其复现的标准量值的测量不确定度。

(2)量值比对结果的评价。

适用于各个测量领域内测得的量值间的比对、计量标准装置间量值的国内外比对以及检测设备的实验室间比对。在同一准确度等级上进行的测量间、计量标准装置间或检测设备间的量值比对时,参与比对的各方在给出测量结果的量值时必须按照统一的要求同时给出测量不确定度。通过对参加比对的各实验室所得数据的处理,可以得出测量结果一致性或计量兼容性的评价。带有这种评价的比对结果是测量结果可信度的证明,也是对实验室技术能力的一种验证。

(3)标准物质的定值,标准参考数据的发布。

适用于标准物质按规定的方法定值后,其标准值连同其不确定度的发布。也适用于需要说明不确定度的标准参考数据的发布。

(4)测量方法、校准规范、检定规程、检定系统表等技术文件的编制。

编制测量方法、校准规范和检定规程时,应该分析和评定该方法的测量不确定度,以便使用者在分析测量结果的不确定度时作为参考或作为一个分量加以使用。国家计量检定系统表是说明从国家基准将量值向下传递到各级计量标准直至工作计量器具的不确定度关系的技术文件,需标明量值传递链中各级的测量不确定度,并符合有关的比例关系要求。当用框图说明测量仪器与给定量的各级计量标准之间的关系时,该图称为溯源等级图,图中同样需标明溯源链中每个环节的测量不确定度。这些不确定度的表示应符合要求。

(5)科学技术研究及工程领域的测量。

测量不确定度适用于一切科技与工程项目,这是一个非常广阔的应用领域,例如,无论是科学发明还是技术创新,科技成果大多必须以测量结果及其测量不确定度来评价其水平。重大工程的方案论证离不开测量不确定度的分析和预估,从而给出合理的技术要求;工程的验收大纲应该规定测量的要求,其中也包括测量不确定度的要求;高等学校学生在毕业论文涉及测量结果时也应该正确使用测量不确定度,因此关于测量不确定度的知识也适用于大专院校的测量课程。

(6)计量资质认定、计量确认、质量认证以及实验室认可中对测量结果和测量能力的表述。

在计量资质认定、计量确认、质量认证中,要根据相关的标准,对测量设备能否满足产品质量检测的要求、测量不确定度能否满足使用的要求进行评审；在实验室认可中，对测量范围及测量不确定度的考核结果是评定该实验室技术能力的依据。

(7) 测量仪器的校准、检定以及其他计量服务。

测量仪器是人们测量时必不可少的工具，为了保证其计量特性能满足使用要求，必须进行定期校准或检定。也就是将测量仪器与相应的计量标准进行技术比较，从而给出仪器的校准值、校准曲线或修正值、修正曲线，此时应该同时给出这些值的测量不确定度。对于法制计量范围内的测量仪器，必须按规定与相应的计量标准进行技术比较后，再与被检测量器具的技术指标作比较，给出合格或不合格的检定结论，此时应该考虑标准值的测量不确定度与被检仪器最大允许误差之间的比例关系，因为它关系到合格评定的可信程度或误判风险。

①校准证书中报告测量不确定度的要求。

a. 在校准证书中，校准值或修正值的不确定度应针对每次校准时的实际情况进行评定。

💡注：

(1) 校准值或修正值的不确定度与被测件有关，不同被测件用同一计量标准进行校准时，由于被测件的重复性和分辨力不同，其校准值或修正值的不确定度也不相同。

(2) 校准值或修正值的不确定度仅是在校准时的测量条件下获得的，不包含被测件的长期稳定性，也不包括用户使用条件不同引入的不确定度。

b. 测量不确定度对应于每个作为结果的测得的量值，因此，对不同参数、不同测量范围的不同量值，应分别给出相应的测量不确定度。只有当在测量范围内测量不确定度相同时，才可以统一说明。

②实验室的校准和测量能力表示。

在实验室认可时，实验室的校准和测量能力是用实验室能达到的测量范围及在该范围内的相应的测量不确定度表述的，应执行有关认可组织的文件。

💡注：目前实验室的校准测量能力常用的表示方式有：

(1) 当在测量范围内测量不确定度不随被测量值的大小而变，或在整个测量范围内相对不确定度不变，则可用一个测量不确定度表示测量能力。例如：经纬仪测量在测量范围内的测量不确定度为 $U = 1.0''(k=2)$；又如：晶体振荡器在频率为 1MHz、5MHz、10MHz 时，$U_{rel} = 1 \times 10^{-9} (k=2)$。

(2）当在测量范围内不能用一个测量不确定度表示校准和测量能力时,可以:

①将测量范围分为若干个小范围,按段分开表示。必要时可给出每段的最大测量不确定度。例如:二等线纹尺标准装置,测量范围为 0.1~1000mm,校准和测量能力可以分为若干段分别表示。

②用被测量值或参数的函数形式表示。例如:二等量块标准装置 $U = 1 \times 10^{-6}L + 0.1\mu m(k=2)$。

（3）当不确定度值不仅取决于被测量的值,还与相关的其他参量有关时,校准和测量能力最好用矩阵形式表示。

在实际情况下,矩阵形式有时带来不便,校准和测量能力有时用测量范围及对应于该范围的最小不确定度和最大不确定度的范围表示,同时给出最小测量不确定度的点。

例如:数字电压表校准装置对交流电压的校准和测量能力表示为:频率范围为 10~1MHz、电压测量范围为 100~1000V 时的校准和测量能力为 $U_r = 5 \times 10^{-8} \sim 1 \times 10^{-3}(k=2)$,在 1kHz、1V 典型值时为 $U_{rel} = 5 \times 10^{-8}(k=2)$。

（4）必要时,校准和测量能力用图形表示,此时,为使得到的测量不确定度有两位有效数字,每个数轴应有足够的分辨率。

（8）贸易结算、医疗卫生、安全防护、环境监测及资源测量。

由于贸易结算、医疗卫生、安全防护、环境监测等项目在国家经济和民生中的重要地位,有关的计量器具多数已列入了强制检定项目中,检定规程中应该分析测量不确定度的来源并评定测量不确定度,以确保检定结论有效。对这类测量所用的计量标准和检测设备的要求,以及对测量结果质量的评定,通常应该是需要更严格的把关的。

2.4 测量不确定度评定在公路工程专业领域的应用

目前我国测量不确定度评定的基本原理和方法是由 7 个国际组织联合发布的文件《测量不确定度表示指南》(ISO/IEC Guide 98-3:2008)(GUM)和我国《测量不确定度评定与表示》(JJF 1059.1—2012)规定的,适用于任何领域的具有各种准确度等级的测量,包括校准和检测。因此,检测结果的测量不确定度评定也要遵循 JJF 1059.1—2012 规定的评定程序。

2.4.1 检测实验室对测量不确定度的要求

我国现行有效的规范规定了检测实验室在测量不确定度评定方面的要求,具体

如下:

(1)《检测和校准实验室能力的通用要求》(GB/T 27025—2019)的相关规定。

《检测和校准实验室能力的通用要求》(GB/T 27025—2019)中 7.6.3 规定:

开展检测的实验室应评定测量不确定度。当由于检测方法的原因难以严格评定测量不确定度时,实验室应基于对理论原理的理解或使用该方法的实践经验进行评估。

注:

(1)某些情况下,公认的检测方法对测量不确定度的主要来源规定了限值,并规定了计算结果的表示方式,实验室只要遵守检测方法和报告要求,即满足7.6.3 的要求。

(2)对某一特定方法,如果已确定并验证了结果的测量不确定度,实验室只要证明已识别的关键影响因素受控,则不需要对每个结果评定测量不确定度。

(3)更多信息参见 ISO/IEC 指南 98-3、ISO 21748 和 ISO 5725 系列标准。

(2)《检验检测机构资质认定能力评价 检验检测机构通用要求》(RB/T 214—2017)的相关规定。

《检验检测机构资质认定能力评价 检验检测机构通用要求》(RB/T 214—2017)规定:"检验检测机构应根据需要,建立和保持应用评定测量不确定度的程序,也从制度方面要求检验检测机构应掌握测量不确定度评定的方法及应用。"检验检测项目中有测量不确定度的要求时,检验检测机构应建立和保持应用评定测量不确定度的程序。检验检测机构应建立相应数学模型,给出相应检验检测能力的评定测量不确定度的案例。检验检测机构在检验检测出现临界值、内部质量控制或客户有要求时,需要报告测量不确定度。

(3)《检测和校准实验室能力认可准则》(CNAS-CL01:2018)的相关规定。

中国合格评定国家认可委员会(CNAS)发布的《检测和校准实验室能力认可准则》(CNAS-CL01:2018),该准则等同于采用《检测和校准实验室能力的通用要求》(ISO/IEC 17025:2017),CNAS-CL01:2018 在"7.6 测量不确定度的评定"中规定:"开展检测的实验室应评定测量不确定度。当由于检测方法的原因难以严格评定测量不确定度时,实验室应基于对理论原理的理解或使用该方法的实践经验进行评估。"

注:

(1)某些情况下,公认的检测方法对测量不确定度主要来源规定了限值,并规定了计算结果的表示方式,实验室只要遵守检测方法和报告要求即可。

(2)对一特定方法,如果已确定并验证了结果的测量不确定度,实验室只要证明已识别的关键影响因素受控,则不需要对每个结果评定测量不确定度。

(4)《测量不确定度的要求》(CNAS-CL01-G003:2021)中的相关规定。

①合格评定机构应评定和应用测量不确定度,并建立维护测量不确定度有效性的机制。

②合格评定机构应有具备能力的人员,正确评定、报告和应用测量不确定度。

③测量不确定度评定的程序、方法,以及测量不确定度的表示和使用应符合 GUM 及 GUM 的补充文件的规定。标准物质/标准样品生产者(RMP)在评定测量不确定度时还应考虑 ISO 指南 35。

💡注:CNAS 发布了一些特定领域测量不确定度的指南文件或技术报告供实验室参考使用。

④合格评定机构应识别测量不确定度的贡献。评定测量不确定度时,应采用适当的分析方法考虑所有显著贡献,包括来自抽样的贡献。

💡注:对于某些无法合理评估但可能有显著贡献的测量不确定度分量(例如来自抽样的贡献),合格评定机构可在证书/报告中注明报告的测量不确定度没有包括这些分量。

⑤当在证书/报告中报告测量不确定度时,应包含测量结果 y 和对应的扩展不确定度 U,通常应使用"$y \pm U$(y 和 U 的单位)"或类似的表述方式;也可以使用列表表示,即将测量结果与其测量不确定度在列表中对应给出。适当时,扩展不确定度也可以用相对扩展不确定度 $U/|y|$($|y| \neq 0$)的方式给出。

应在证书/报告中注明不确定度的包含因子和包含概率,可以使用以下文字描述:

"本报告给出的扩展不确定度是由合成标准不确定度乘以包含概率约为 95% 时对应的包含因子 k 得到的。"

💡注:

(1)对于不对称分布的不确定度、使用蒙特卡洛(分布传递)法确定的不确定度或使用对数单位表示的不确定度,可能需要使用 $y \pm U$ 之外的方法表述。

(2)GUM 给出了规范的报告和表示测量不确定度的方式和要求。

⑥扩展不确定度的数值不应超过两位有效数字,并且应满足以下要求:

a. 最终报告的测量结果的末位应与扩展不确定度的末位对齐,除非使用相对扩展不确定度;

b. 应根据通用的规则进行数值修约,并符合 GUM 的规定。

💡注:数值修约的详细规定参见《量和单位 第 1 部分:总则》(ISO 80000-1)和《数值修

约规则与极限数值的表示和判定》(GB/T 8170)。

⑦当做出与规范或标准的符合性声明时,合格评定机构应考虑测量不确定度的影响,明确判定规则,所用判定规则应考虑到相关的风险水平(如错误接受、错误拒绝以及统计假设)。实验室应将判定规则形成文件,并加以应用。

注:判定规则的确定可参考 ISO/IEC 指南 98-4 和 CNAS-GL015。

⑧检测实验室应分析测量不确定度对检测结果的贡献,并评定每一项用数值表示的测量结果的测量不确定度。

注:

(1)某些情况下,公认的检测方法对测量不确定度主要来源规定了限值,并规定了计算结果的表示方式,实验室只要遵守检测方法和报告要求,即满足本条的要求。

(2)对一特定方法,如果已确定并验证了结果的测量不确定度,实验室只要证明已识别的关键影响因素受控,则不需要对每个结果评定测量不确定度。

⑨如果检测结果不是用数值表示或者不是建立在数值基础上(如合格/不合格,阴性/阳性,或基于视觉和触觉等的定性检测),则实验室宜采用其他方法评估测量不确定度,例如假阳性或假阴性的概率。

⑩由于某些检测方法的性质,决定了无法从计量学和统计学角度对测量不确定度进行有效而严格的评定,这时实验室应基于对相关理论原理的理解或使用该检测方法的实践经验进行分析,列出各主要的不确定度分量,并做出合理的评定。同时应确保测量结果的报告形式不会使客户造成对所给测量不确定度的误解。

⑪检测实验室对于不同的检测项目和检测对象,可以采用不同的评定方法。

⑫检测实验室在采用新的检测方法时,应按照新方法重新评定测量不确定度。

⑬检测实验室对所采用的非标准方法、实验室自己设计和研制的方法、超出预定使用范围的标准方法以及其他修改的标准方法进行确认时,应包括对测量不确定度的评定。

⑭下列情况下,适用时,实验室应在检测报告中报告测量结果的不确定度:

a. 当测量不确定度与检测结果的有效性或应用有关时;

b. 当检测方法/标准有要求时;

c. 当客户要求时;

d. 当测量不确定度影响与规范限的符合性时。

注:CNAS 鼓励实验室尽可能地报告检测结果的测量不确定度,以便合理地使用检测

结果,特别是对于环境监测、产品检测等需要实施符合性判定的领域。

2.4.2 检测结果不确定度的应用

(1)同一被测量对象多次测量结果的比较。

当对同一个测量对象进行两次或多次测量时,需要对多个测量结果进行比较,这时往往需要用到检测结果的不确定度。多次测量结果的来源,可以是同一个实验室内的多次测量结果,也可以是多个不同实验室得到的测量结果;可以是由相同的测量方法和测量程序得到的结果,也可以是通过不同测量方法或测量程序得到的结果。

(2)测量结果与参考值进行比较。

在实验室认可工作的能力验证中,需要将每一个参加能力验证的实验室所得到的测量结果与参考值进行比较,以判断该实验室参加此次能力验证是否成功。参考值通常由上级测量部门提供,也可能是参加能力验证的各实验室所得结果的平均值或中位值。而其判断标准就与测量不确定度有关。通过测量不确定度评定,可以得到测量结果和参考值之差的最大允许值。超过允许值就表明该测量结果存在问题。

(3)合格评定。

合格评定也称为对某技术规范的符合性评定。在检测领域,经常要判断材料的某一特性是否满足规定的技术要求。这些技术要求通常是由各种技术文件规定的,例如各种技术文件所规定的材料极限值等。由于测量不确定度的存在,合格或不合格的判据将与不确定度有关。特别是当检测结果在规定的极限值附近时,测量不确定度的大小将直接影响合格或不合格的判定。因此凡是需要对被测材料进行合格评定的场合,必须要给出测量结果的不确定度。

如果相对于技术要求而言,检测结果的不确定度太大,则表明该检测方法不满足检测需求,即不能采用该检测方法来进行合格评定。

(4)当需要对检测结果进行解读时,也需要考虑检测结果的不确定度。

2.4.3 公路工程试验检测不确定度评定开展的现状

在工程类试验检测机构的日常工作中,对某个项目或参数的测量不确定度的计算与评定是较为薄弱的环节。2011年起,中国合格评定国家认可委员会(CNAS)提出,所有获得认可的实验室,应有能力对每项有数值要求的测量结果进行测量不确定度评估,以反映实验室对所测项目或参数测量结果偏差的评估能力,从而不断提升检测技术水平,更好地做好试验检测工作。自此,公路工程专业试验室逐渐开始重视测量不确定度的评定工作,有意识地参加不确定度评定的培训,开展专业量值不确定度的评定,关于不确定度的研究和研讨也随之增多,不确定度开始在公路工程专业领域发挥作用,相关从业人员对试验检测结果的质量有了更好的了解。

仪器设备的专用性和采用公路工程专用检测仪器进行试验检测工作时的特点,决定了公路工程试验检测结果测量不确定度评定的特点。因此,有研究者提出,对采用公路工程检测仪器进行试验检测的测量不确定度评定,不能套用我国传统的通用计量器具的评定模式,只评定由检测仪器示值装置允许误差引入的测量不确定度,而是既要评定由检测仪器示值装置允许误差引入的测量不确定度,也要评定由技术人员操作水平差异性引入的测量不确定度,更要评定参数在检测方法规定的控制范围内的条件下由控制不一致性引入的测量不确定度。根据以往的研究分析及经验,引入的测量不确定度的后两项常常要远大于第一项。

针对采用公路工程专用检测仪器进行试验检测的测量不确定度的评定具有技术方面的独特性,相关的研究者提出了专用的评定模式,即:首先通过对各项需要控制的参数加以校准确认之后,确保检测方法满足重复性检测条件;然后进行重复性试验以获得一组数据;最后通过计算获得包括检测仪器在内的整个检测方法的测量不确定度。

当前,公路工程试验检测专业的不确度评定依然不够完善,存在着以下问题:

(1)试验检测结果不准确。

从现阶段我国公路工程试验检测工作的实际情况来看,存在着一定的检测结果失真问题,主要表现在以下几个方面:

①在试验过程中,为了减少成本以及缩短时间,选取的检测点较少,或者是取样不具有代表性,影响了对检测结果的整体性判断。

②在试验检测过程中没能很好地选取检测标准或规范,或者是没有严格地有针对性地进行质量检测,得不到具有代表性的检测数据。

③有的检测项目虽然得到的数据很多,但是由于其他因素影响,有很大一部分数据是不准确的,究其原因,还是因为在试验过程中只做了比较简单的试验检测,很多数据都是在检测数据所在偏振区间内随意选取的。

④还有一些单位,虽然检测工作做得到位,但是事后却没有整理出详细的检测数据报告,有很大一部分检测报告都只是编制了检测内容的主体框架,没有进一步提出细致的解决方案,检测工作缺乏对工程的针对性,有很多问题的解决措施和建议都缺乏实用性和适用性,报告内容毫无可操作性。

不确定度评定当中很重要的一个不确定度分量就是检测结果的重复性引入的不确

定度,如果检测结果受到了非正常因素的影响而不准确,那么会直接影响不确定度的计算,进而影响不确定度的整体评定。

(2)试验检测设备的准确性问题。

试验检测设备的质量在很大程度上决定了试验检测工作的准确性,而目前很多单位在配备试验检测设备时,仅仅关注设备输出的参数是否满足公路工程施工建设中的各项参数检测的需求,并未对设备的准确度进行关注,导致在一些环境因素变化较大的工程中仪器设备很难发挥出应有的功能。

试验检测设备是不确定度评定的主体,其本身也会引入不确定度分量,如果检测设备的准确度出现问题,会导致仪器设备校准的不确定度增大,直接影响不确定度的评定。

(3)试验检测人员的问题。

试验检测人员的问题主要体现在两个方面:一是检测人员自身的专业技术不过关,二是高素质的检测人员很难引进。现阶段,我国公路工程试验检测过程中,资金不断地投入在新技术和设备的更新上,但是相应地,在试验检测人员技术知识的更新方面却投入较少。目前很多检测人员自身的知识架构很不合理,不了解新的检测技术和设备,这些人员所带来的问题也可能是非常严重的,人员操作不规范、试验流程错误、读数不准确等均可能对检测结果产生非常大的影响,使得不确定度评定不够准确。另外,部分试验检测人员也缺乏一定的责任意识,在试验检测工作中经常是敷衍了事,未能及时发现和汇报检测过程中的问题。

不确定度的评定也因此受到来自试验检测人员两个方面的影响:一方面,由于人员在试验检测工作中的操作不规范,引入未发现的不确定度分量;另一方面,由于人员在不确定度评定方面的理论知识和实操经验不足,不确定度评定的能力不强,导致不确定度评定不合理。

当前,公路工程试验检测的不确定度评定还存在一些问题,但是随着计量工作的发展、更多的资金投入、更专业的人员配置,这些问题会逐渐被解决,不确定度的评定也将更加准确可信。

3 测量不确定度的评定与表示

3.1 统计学的基本知识

测量不确定度的概念涉及基本统计学术语及通用计量学术语,测量不确定度的采用和发展导致了概率论、统计学和计量学方面的不少术语和定义的修订。

(1)1993 年 GUM 发布的同时,国际标准化组织发布了新版统计学术语《统计学 词汇和符号 第 1 部分:概率和通用统计学术语》(ISO 3534-1:1993),2006 年发布了其修订版 ISO 3534-1:2006,我国相应地颁布了《统计学词汇及符号 第 1 部分:一般统计术语与用于概率的术语》(GB/T 3358.1—2009)。

(2)在 1993 年 GUM 发布的同时,同样以 7 个国际组织的名义联合发布了 VIM 的修订版《国际通用计量学基本术语(第 2 版)》。2007 年对 VIM 的第 2 版进行了修订,正式发布了《国际计量学词汇 基础和通用概念及相关术语》(ISO/IEC Guide 99:2007)(VIM),我国也相应地将 JJF 1001—1998 修订为《通用计量术语及定义》(JJF 1001—2011)。

因此,在学习测量不确定度时,必须首先学习概率论、统计学和计量学方面的相关术语及基本概念,并了解这些术语及定义的新变化,由此加深对测量不确定度的理解。

3.1.1 随机事件出现的频率

随机事件出现的频率定义为在有限次试验中,随机事件出现的百分比,因此这里的所谓"频率"实际上是"频度"的意思。

例如,在一个 N 次的重复试验中,若随机事件 A 出现了 n_A 次,则根据定义可得随机事件 A 出现的频率 f_A 为:$f_A = \dfrac{n_A}{N}$。

试验还发现,在每个重复试验中同一事件出现的频率会有波动,带有偶然性。但多次的重复试验表明,频率经常稳定在一个固定的数值附近,并且随着试验次数的增加,这种趋势越来越明显。这一现象十分重要,通常称为频率具有稳定性。

频率的稳定性说明一个随机事件出现的可能性有一定的大小。频率稳定在一个较大的数值时,表明相应事件出现的可能性大;频率稳定在一个较小的数值时,表明相应事件出现的可能性小。而频率在其周围波动的那个固定的数值就是该事件出现的可能性大小的度量。这个数值就称为相应事件出现的概率。

3.1.2 随机事件出现的概率

随机事件出现的概率定义为:在一定条件下,随机事件可能发生,也可能不发生,这种可能性的大小称为概率。随机事件 A 出现的概率 p_A 按照式(3.1-1)计算。

$$p_A = \lim_{N \to \infty} f_A = \lim_{N \to \infty} \frac{n_A}{N} \tag{3.1-1}$$

也就是说,概率 p 是概率 f 的极限值。

对于必然事件,概率 $p=1$;对于不可能事件,概率 $p=0$;对于随机事件,则 $0<p<1$。

式(3.1-1)提供了近似计算概率的方法,但这需要进行大量的测量。在许多情况下,往往并不需要进行大量的测量,只要对事件进行分析,根据问题本身所具有的对称性,就可以得到事件出现的概率。例如,在硬币抛掷试验中,由于硬币的形状和质量分布是对称且均匀的,因此抛掷后出现"正面向上"与"反面向上"的概率必然相等。而每次抛掷的结果只有"正面向上"和"反面向上"两种可能性。由此可以得到出现"正面向上"或"反面向上"的概率各为50%。

从表3.1-1给出的历史上著名的硬币抛掷试验结果,可以看出,当试验次数增加时,频率 f_A 将趋近于其概率 p。

硬币抛掷试验的结果　　　　　　　　　表3.1-1

抛掷次数	出现 A 面的次数	f_A
4040	2048	0.5069
12000	6019	0.5016
24000	12012	0.5005

3.1.3 随机变量的概率密度函数

如果在一定条件下对某个量进行测量,则一般来说每次得到的测量结果都是不同的,因此该量的取值,或者说在某一区间内的取值就是一个随机变量。在测量不确定度评定中,我们所研究的被测量和影响量都是随机变量,因为无论是谁都无法预知下一次的测量结果是多少。

要完整地了解一个随机变量,必须知道它出现在某一区间内(或取某一值)的概率,也就是说,应该了解随机变量的概率密度分布。随机变量在各可能值附近出现的概率与可能值之间的函数关系称为随机变量的概率密度函数。概率密度函数曲线的纵坐标为概率密度,横坐标为该随机变量的取值。曲线下方与 x 轴之间所夹部分的面积即是被测量出现在该区间内的概率。如图 3.1-1 所示,图中阴影部分,即概率密度函数 $f(x)$ 在区间 $[\alpha,\beta]$ 内所包含的面积,是被测量出现在区间 $[\alpha,\beta]$ 内的概率。故有:$p(\alpha \leqslant x \leqslant \beta) = \int_{\alpha}^{\beta} f(x) \mathrm{d}x$。

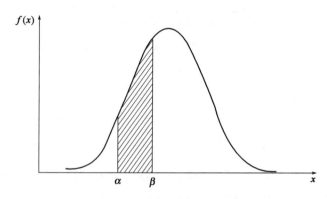

图 3.1-1　随机变量的概率密度分布曲线

概率密度函数具有下列性质:

(1)概率密度函数是一非负函数,即 $f(x) \geqslant 0$。

(2)概率密度函数在区间 $(-\infty, +\infty)$ 内的积分等于1,即 $\int_{-\infty}^{+\infty} f(x) \mathrm{d}x = 1$。

上述两个性质的几何意义为:全部概率密度分布曲线均在 x 轴上方,且分布曲线下方全部面积等于1。

对于不同的被测量,其概率密度函数可能是不同的。在测量不确定度评定中经常提到的分布有两点分布、反正弦分布、矩形分布、三角分布、梯形分布、正态分布以及投影分布等。

随机变量按其取值的特征分为连续型随机变量和离散型随机变量两类。

(1)离散型随机变量。

若随机变量的取值可以离散地排列,即只能取有限个或可数个值,并以各种确定的概率取这些不同的值,则称为离散型随机变量。

例如,在产品质量检验中,若每次抽查 100 件产品,则其中的次品数 n 就是一个离散型的随机变量。它只可能取整数值 0,1,2,…,100,共有 101 个可能值。

(2)连续型随机变量。

若随机变量可以在某一区间内任意取值,并可以充满该区间,而且其值在任意一个小区间内的概率也是确定的,这样的随机变量称为连续型随机变量。例如,地球上每年的小麦产量、每台电视机的耐用时间等均是连续型随机变量。

3.1.4 随机变量的特征值

已知概率密度函数就可以完全确定一个随机变量。虽然从原则上说,概率密度函数可以通过大量的重复性试验得到,但实际上往往既没有必要、也没有可能进行大量的试验。在许多情况下只要知道该随机变量的若干特征值(也称为随机变量的数字特征)就可以了。在测量不确定度评定中经常要用到的随机变量特征值是数学期望、方差、标准偏差、协方差和相关系数等。

1)数学期望

随机变量的数学期望表示对该随机变量进行无限多次测量所得结果的平均值,简称为期望,也称为总体均值。数学期望的重要性在于实际上它就是通过测量想要得到的测量结果。对于对称分布来说(大部分的被测量都满足对称分布),数学期望即是随机变量概率密度函数的中心位置。某随机变量 X 的数学期望通常用 $E(X)$ 或 u 来表示。

对于离散型随机变量,若对某量 X 进行 n 次测量,得到一组测量结果 $x_1, x_2, \cdots, x_n$。则根据定义,数学期望 μ 可表示为:

$$\mu = \lim_{n \to \infty} \frac{\sum_{k=1}^{n} x_k}{n} \tag{3.1-2}$$

并不是所有随机变量均存在数学期望,存在数学期望的条件是式(3.1-2)必须收敛,即当随机变量取无穷多个值时应存在该极限值。

对于连续型随机变量,若概率密度函数为 $f(x)$,则其数学期望可表示为:

$$\mu = \int_{-\infty}^{+\infty} x f(x) \, dx \tag{3.1-3}$$

同样,这时要求上述积分是收敛的,否则该随机变量不存在数学期望。

数学期望具有如下简单性质:

(1)常数的数学期望等于该常数,即 $E(c) = c$。

(2)随机变量与常数之和的数学期望,等于随机变量的数学期望与该常数之和,即 $E(x + c) = E(x) + c$。

(3)常数与随机变量之乘积的数学期望,等于该常数与随机变量的数学期望之乘积,即 $E(cx) = cE(x)$。

(4)两个随机变量之和的数学期望,等于它们的数学期望之和,而与两个随机变量之间独立与否无关,即 $E(x+y) = E(x) + E(y)$。

(5)两个独立随机变量之乘积的数学期望,等于他们的数学期望之乘积,即 $E(xy) = E(x)E(y)$。

2)方差

仅用数学期望还不足以充分地描述一个随机变量的特性。例如,用两种不同的方法对同一个被测量进行测量,分别得到两组测量结果,也就是说有两个随机变量。如图 3.1-2 中曲线 a 和 b 所示,它们的数学期望 μ 可能是相同的,但是表示测量结果质量好坏的各测得值相对于数学期望的分散程度却是不一样的,显然曲线 b 相对于数学期望的分散程度较大。随机变量的方差就是表示测量结果相对于数学期望 μ 的平均离散程度,或者说表示随机变量的可能值与其数学期望之间的分散程度。

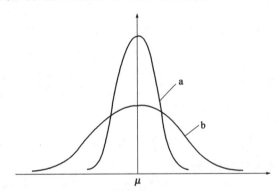

图 3.1-2 两个数学期望值相同但分散程度不同的随机变量

方差的运算性质:

(1)随机变量的方差等于该随机变量平方的数学期望与该随机变量数学期望平方之差,即 $V(x) = E^2(x) + E^2(y)$。

(2)常数的方差为 0,即 $V(c) = 0$。

(3)随机变量与常数之和的方差,等于随机变量的方差,即 $V(x+c) = V(x)$。

(4)随机变量与常数之乘积的方差,等于随机变量的方差与该常数的平方之乘积,即 $V(cx) = c^2 V(x)$。

(5)两独立随机变量之和的方差等于它们各自的方差之和,即 $V(x+y) = V(x) + V(y)$。

(6)两任意随机变量之和的方差等于它们各自的方差以及它们的协方差两倍之和,即 $V(x+y) = V(x) + V(y) + 2\sigma(x,y)$。

(7)两独立随机变量乘积的方差为 $V(xy) = V(x)V(y) + V(x)E^2(y) + V(y)E^2(x)$。

3)标准偏差

标准偏差常常简称为标准差。由于方差的量纲与被测量不同,为被测量量纲的平方。因此常用方差 $V(x)$ 的正平方根 $\sigma(x)$ 来表示其平均离散性,称为标准偏差,也称为分布的标准偏差或单次测量的标准偏差。标准偏差 $\sigma(x)$ 所对应的测量次数也应为无限大,故也称为总体标准差。

对于离散型随机变量,标准偏差 $\sigma(x)$ 为:

$$\sigma(x) = \sqrt{V(x)} = \sqrt{\lim_{n \to \infty} \frac{\sum_{k=1}^{n}(x_k - \mu)^2}{n}} \tag{3.1-4}$$

而连续型随机变量的标准偏差则为:

$$\sigma(x) = \sqrt{V(x)} = \sqrt{\int_{-\infty}^{+\infty}(x - \mu)^2 f(x) \mathrm{d}x} \tag{3.1-5}$$

4)协方差

表示两个随机变量 x 和 y 之间关联程度的量,称为协方差,用 $\sigma(x,y)$ 表示。协方差定义为:

$$\sigma(x,y) = \lim_{n \to \infty} \frac{\sum_{k=1}^{n}(x_k - \mu_x)(y_k - \mu_y)}{n} \tag{3.1-6}$$

式中,μ_x、μ_y 分别是随机变量 x、y 的数学期望;而协方差 $\sigma(x,y)$ 则是随机变量 $(x-\mu_x)$ 和 $(y-\mu_y)$ 之积的数学期望。

将上式与方差表示式(3.1-4)相比较,就可以发现当随机变量 x 等于 y 时,协方差就成为方差,即 $\sigma(x,y) = V(x)$。

当随机变量 x 和 y 的变化方向趋于相同时,$(x_k - \mu_x)$ 和 $(y_k - \mu_y)$ 统计地说趋于同号,此时 $\sigma(x,y) > 0$。

当随机变量 x 和 y 的变化方向趋于相反时,$(x_k - \mu_x)$ 和 $(y_k - \mu_y)$ 统计地说趋于异号,此时 $\sigma(x,y) < 0$。

当随机变量 x 和 y 的变化相互独立时,$\sigma(x,y) = 0$。

因此,协方差函数 $\sigma(x,y)$ 可以表示两随机变量 x,y 之间的相关性。

5)相关系数

协方差函数 $\sigma(x,y)$ 虽然可以表示两随机变量 x 和 y 之间的相关性,但由于其量纲为两随机变量的乘积,因此通常用相关系数表示更为方便。相关系数 $\rho(x,y)$ 定义为:

$$\rho(x,y) = \frac{\sigma(x,y)}{\sigma(x)\sigma(y)} \tag{3.1-7}$$

相关系数 $\rho(x,y)$ 为一纯数，可以证明其取值范围在 $[-1,+1]$ 区间内。

随机变量特征值都是对应于无限多次测量结果的，而在实际工作中只可能进行有限次测量，因此通常只根据有限次测量的结果，即根据样本的一些参数指标来估计总体的特征值，如总体平均值 μ、总体方差 σ^2 等。而用来作为估计依据的样本参数指标，如样本平均值 $\bar{x}$、样本方差 s^2 等估计量，则称为样本统计量。

样本统计量本身也是一个随机变量，它有许多可能值。从一个具体的样本只能得到该估计量的一个可能值。当样本改变时，所得到的样本统计量的值也会改变，因而不能期望样本统计量的取值正好等于它所估计的总体参数。但一个好的样本统计量至少平均地看来应该等于它所估计的总体参数。也就是说，我们所选择的样本统计量的数学期望应该等于被估计的总体参数。符合这一要求的样本统计量称为无偏估计量。样本平均值 $\bar{x}$ 就是总体均值 μ 的无偏估计量。表 3.1-2 给出随机变量的总体特征值（对应于无限次测量）和样本统计量（对应于有限次测量）的表示式。

随机变量（离散型）的总体特征值和样本统计量　　　　表 3.1-2

总体特征值（无限次测量）	样本统计量（有限次测量）
数学期望（总体均值）μ $$\mu = \lim_{n\to\infty} \frac{\sum_{k=1}^{n} x_k}{n}$$	样本均值 $\bar{x}$ $$\bar{x} = \frac{\sum_{k=1}^{n} x_k}{n}$$
方差（总体方差）$V(x)$ $$V(x) = \lim_{n\to\infty} \frac{\sum_{k=1}^{n}(x_k-\mu)^2}{n}$$	样本方差 $s^2(x)$ $$s^2(x) = \frac{\sum_{k=1}^{n}(x_k-\bar{x})^2}{n-1}$$
标准偏差（总体标准差）$\sigma(x)$ $$\sigma(x) = \sqrt{V(x)} = \sqrt{\lim_{n\to\infty}\frac{\sum_{k=1}^{n}(x_k-\mu)^2}{n}}$$	实验标准差（样本标准差）$s(x_k)$ $$s(x_k) = \sqrt{\frac{\sum_{k=1}^{n}(x_k-\bar{x})^2}{n-1}}$$
协方差 $\sigma(x,y)$ $$\sigma(x,y) = \lim_{n\to\infty}\frac{\sum_{k=1}^{n}(x_k-\mu_x)(y_k-\mu_y)}{n}$$	协方差 $s(x,y)$ $$s(x,y) = \frac{\sum_{k=1}^{n}(x_k-\bar{x})(y_k-\bar{y})}{n-1}$$
相关系数 $\rho(x,y)$ $$\rho(x,y) = \frac{\sigma(x,y)}{\sigma(x)\sigma(y)}$$	相关系数 $r(x,y)$ $$r(x,y) = \frac{s(x,y)}{s(x)s(y)}$$

3.2 测量不确定度评定相关的术语

3.2.1 被测量

被测量:拟测量的量。被测量的定义见表3.2-1。

被测量的定义　　　　　表3.2-1

JJF 1059—1999	GUM	VIM 第2版	IEC 60050
作为测量对象的特定量	受测量的特定量	受到测量的量	受到测量的量

注:

(1)对被测量的说明要求了解量的种类,以及含有该量的现象、物体或物质状态的描述,包括有关成分及化学实体。

(2)在 VIM 第2版和 IEC 60050 中,被测量定义为受到测量的量。

(3)测量包括测量系统和测量条件,它可能会改变研究中的现象、物体或物质,使受到测量的量可能不同于定义的被测量。在这种情况下,适当的修正是必要的。

3.2.2 测量结果

测量结果:在 JJF 1001—2011 中,测量结果定义为与其他有用的相关信息一起赋予被测量的一组量值;在 JJF 1001—1998、JJF 1059—1999 和 GUM 中,测量结果定义为由测量所得的赋予被测量的值。

注:

(1)测量结果通常包含这组量值的"相关信息",诸如某些可以比其他方式更能代表被测量的信息。它可以概率密度函数的方式表示。

(2)测量结果通常表示为单个测得的量值和一个测量不确定度。对某些用途,如认为测量不确定度可忽略不计,则测量结果可表示为单个测得的量值。在许多领域中,这是表示测量结果的常用方式。

(3)在传统文献和1993年的第2版 VIM 中,测量结果定义为赋予被测量的值,并按情况解释为平均示值、未修正的结果或已修正的结果。

3.2.3 测得的量值

测得的量值:又称量的测得值,简称测得值,代表测量结果的量值。

注：

（1）对重复示值的测量，每个示值可提供相应的测得值，用这一组独立的测得值可计算出作为结果的测得值，如平均值或中位值。通常它附有一个已减少了的相关联的测量不确定度。

（2）当认为代表被测量的真值范围与测量不确定度相比小得多时，量的测得值可认为是实际唯一真值的估计值。通常是通过重复测量获得的各独立测得值的平均值或中位值。

（3）当认为代表被测量的真值范围与测量不确定度相比不太小时，被测量的测得值通常是一组真值的平均值或中位值的估计值。

（4）在测量不确定度（GUM）中，对测得的量值使用的术语有"测量结果""被测量的值的估计"或"被测量的估计值"。

3.2.4　测量精密度

测量精密度：简称精密度。在规定条件下，对同一或类似被测对象重复测量所得示值或测得值间的一致程度。

注：

（1）测量精密度通常用不精密度以数字形式表示。如在规定测量条件下的标准差、方差或变异系数。

（2）规定条件可以是重复性测量条件、期间精密度测量条件或复现性测量条件。

（3）测量精密度用于定义测量重复性、期间性测量精密度或测量复现性。

（4）术语"测量精密度"有时用于指测量准确度，这是错误的。

3.2.5　测量重复性

测量重复性：简称重复性。在一组重复性测量条件下的测量精密度。

3.2.6　重复性测量条件

重复性测量条件：简称重复性条件。相同测量程序、相同操作者、相同测量系统、相同操作条件和相同地点，并在短时间内对同一或相类似被测对象重复测量的一组测量条件。

3.2.7　测量复现性

测量复现性：简称复现性。在复现性测量条件下的测量精密度。

3.2.8 复现性测量条件

复现性测量条件：简称复现性条件。不同地点、不同操作者、不同测量系统对同一或相类似被测对象重复测量的一组测量条件。

注：

(1) 不同的测量系统可采用不同的测量程序。

(2) 在给出复现性时,应说明改变和未变的条件及实际改变到什么程序。

3.2.9 期间精密度测量条件

期间精密度测量条件：简称期间精密度条件。除了相同测量程序、相同地点以及在一个较长时间内对同一或相类似被测对象重复测量的一组测量条件外,还可包括涉及改变的其他条件。

注：

(1) 改变可包括新的校准、测量标准器、操作者和测量系统。

(2) 对条件的说明应包括改变和未变的条件以及实际改变到什么程序。

(3) 在化学中,术语"序列间精密度测量条件"有时用于"期间精密度测量条件"。

3.2.10 测量误差

测量误差：简称误差。测得的量值减去参考量值。

注：

(1) 测量误差的概念在以下两种情况下均可使用：

① 当存在单个参考量值,如用测得值的测量不确定度可忽略的测量标准进行校准；或约定量值给定时,测量误差是已知的。

② 假设被测量使用唯一的真值或范围可忽略的一组真值表征时,测量误差是未知的。

(2) 测量误差不应与出现的错误或过失混淆。

3.2.11 测量不确定度

测量不确定度：简称不确定度。根据所获信息,表征赋予被测量值分散性的非负参数。

注:

(1)测量不确定度包括由系统影响引起的分量,如与修正量和测量标准所赋量值有关的分量及定义的不确定度。有时对估计的系统影响未作修正,而是当作不确定度分量处理。

(2)此参数可以是标准测量不确定度的标准偏差(或其特定倍数),或是说明了包含概率的区间半宽度。

(3)测量不确定度一般由若干分量组成。其中一些分量可根据一系列测量值的统计分布,按测量不确定度的A类评定进行评定,并用实验标准偏差表征。而另一些分量则可根据经验或其他信息假设的概率分布,按测量不确定度的B类评定进行评定,也用标准偏差表征。

(4)通常,对于一组给定的信息,测量不确定度是相应于所赋予被测量的量值的。该值的改变将导致相应的不确定度的改变。

(5)上面对测量不确定度的定义是按2007年的第3版VIM给出的,而在GUM中的定义是:表征合理地赋予被测量之值的分散性,与测量结果相联系的参数。

3.2.12 标准测量不确定度

标准测量不确定度:简称标准不确定度。以标准偏差表示的测量不确定度。

3.2.13 测量不确定度的A类评定

测量不确定度的A类评定:简称A类评定。对在规定测量条件下测得的量值,用统计分析的方法进行的测量不确定度分量的评定。

注: 规定测量条件是指重复性测量条件、期间精密度测量条件或复现性测量条件。

3.2.14 测量不确定度的B类评定

测量不确定度的B类评定:简称B类评定。用不同于测量不确定度A类评定的方法进行的测量不确定度分量的评定。

注: 评定基于权威机构发布的量值、有证标准物质的量值、校准证书、仪器的漂移、经检定的测量仪器准确度等级、根据人员经验推断的极限值等信息。

3.2.15 合成标准测量不确定度

合成标准测量不确定度:简称合成标准不确定度。由在一个测量模型中各输入量的标准测量不确定度获得的输出量的标准测量不确定度。

注:在测量模型中输入量相关的情况下,当计算合成标准不确定度时,必须考虑协方差。

3.2.16 相对标准测量不确定度

相对标准测量不确定度:简称相对标准不确定度。标准不确定度除以测得值的绝对值。

3.2.17 扩展测量不确定度

扩展测量不确定度:简称扩展不确定度,全称合成标准不确定度与一个大于1的数字因子的乘积。

注:

(1)该因子取决于测量模型中输出量的概率分布类型及所选取的包含概率。

(2)本定义中术语"因子"是指包含因子。

3.2.18 包含区间

包含区间:基于可获信息确定的包含被测量一组值的区间,被测量值以一定概率落在该区间内。

注:

(1)包含区间不必以所选的测得值为中心。

(2)不应把包含区间称为置信区间,以避免与统计学概念混淆。

(3)包含区间可由扩展测量不确定度导出。

3.2.19 包含概率

包含概率:在规定的包含区间内包含被测量的一组值的概率。

注:

(1)为避免与统计学概念混淆,不应把包含概率称为置信水平。

(2)在 GUM 中包含概率又称置信的水平。

(3)包含概率替代了曾经使用过的置信水准。

3.2.20 包含因子

包含因子:为获得扩展不确定度,对合成标准不确定度所乘的大于 1 的数。

注:包含因子通常用符号 k 表示。

3.2.21 测量模型

测量模型:简称模型。测量中涉及的所有已知量间的数学关系。

注:

(1)测量模型的通用形式是方程:$h(Y,X_1\cdots X_n)=0$,其中,测量模型中的输出量 Y 是被测量,其量值由测量模型中输入量 $X_1\cdots X_n$ 的有关信息推导得到。

(2)在有两个或多个输出量的较复杂情况下,测量模型包含一个以上的方程。

3.2.22 测量函数

测量函数:在测量模型中,由输入量的已知量值计算得到的值是输出量的测得值时,输入量与输出量之间的函数关系。

注:

(1)如果测量模型 $h(Y,X_1\cdots X_N)=0$ 可明确写成 $Y=f(X_1\cdots X_N)$,其中,Y 是测量模型中的输出量,则函数 f 是测量函数。更通俗地说,f 是一个算法符号,算出与输入量 $X_1\cdots X_N$ 相应的输出量 $y=f(x_1\cdots x_N)$。

(2)测量函数也用于计算测得值 Y 的测量不确定度。

3.2.23 测量模型中的输入量

测量模型中的输入量:简称输入量。为计算被测量的测得值而必须测量的量,或其值可用其他方式获得的量。

例如,当被测量是在规定温度下某钢棒的长度时,则实际温度、在实际温度下的长度以及该棒的线热膨胀系数为测量模型中的输入量。

注:

(1)测量模型中的输入量往往是某个测量系统的输出量。

(2)示值、修正值和影响量可以是测量模型中的输入量。

3.2.24 测量模型中的输出量

测量模型中的输出量:简称输出量。用测量模型中输入量的值计算得到的测得值的量。

3.2.25 定义的不确定度

定义的不确定度:由于被测量定义中细节量有限所引起的测量不确定度分量。

注:

(1)定义的不确定度是在任何给定被测量的测量中实际可达到的最小测量不确定度。

(2)所描述细节中的任何改变导致另一个定义的不确定度。

3.2.26 仪器的测量不确定度

仪器的测量不确定度:由所用测量仪器或测量系统引起的测量不确定度的分量。

注:

(1)除原级测量标准采用其他方法外,仪器的不确定度通过对测量仪器或测量系统的校准得到。

(2)仪器不确定度通常按 B 类测量不确定度评定。

(3)对仪器的测量不确定度的有关信息可在仪器说明书中给出。

3.2.27 零的测量不确定度

零的测量不确定度:测量值为零时的测量不确定度。

注:

(1)零的测量不确定度与零位或接近零的示值有关,它包含被测量小到不知是否能检测的区间或仅由于噪声引起的测量仪器的示值区间。

(2)零的测量不确定度的概念也适用于当对样品与空白进行测量并获得差值时。

3.2.28 不确定度报告

不确定度报告:对测量不确定度的陈述,包括测量不确定度的分量及其计算和合成。

注:不确定度报告应该包括测量模型、估计值、测量模型中与各个量相关联的测量不

确定度、协方差、所用的概率密度函数的类型、自由度、测量不确定度的评定类型和包含因子。

3.2.29　目标测量不确定度

目标测量不确定度：简称目标不确定度。根据测量结果的预期用途，规定为上限的测量不确定度。

3.2.30　自由度

自由度：在方差的计算中，和的项数减去对和的限制数。

注：

（1）在重复性条件下，用 n 次独立测量确定一个被测量时，所得的样本方差为 $(v_1^2+v_2^2+\cdots v_n^2)/(n-1)$。其中，$v_i$ 为残差：$v_1=x_1-\bar{x},v_2=x_2-\bar{x}\cdots v_n=x_n-\bar{x}$。因此，和的项数即为残差的个数 n，而"当 n 较大时，$\sum v_i=0$"是一个约束条件，即限制数为 1。由此可得，自由度 $\nu=n-1$。

（2）当用测量所得的组数据按最小二乘法拟合的校准曲线确定 t 个被测量时，自由度 $\nu=n-t$。如果另有 r 个约束条件，则自由度 $\nu=n-(t+r)$。

（3）自由度反映了相应实验标准偏差的可靠程度。用贝塞尔公式估计实验标准偏差 s 时，s 的相对标准差为：$o(s)/s=1/\sqrt{2\nu}$。若测量次数为 10，则 $\nu=9$，表明估计的 s 的相对标准差约为 0.24，可靠程度达 76%。

（4）合成标准不确定度 $u_c(y)$ 的自由度，称为有效自由度 ν_{eff}，用于在评定扩展不确定度 U_p 时求得包含因子 k_p。

3.3　不确定度与误差的区别与联系

测量不确定度是在经典误差理论的基础上不断发展和完善而得到的，应用测量不确定度是计量测量领域的一大进步。也正是因为测量不确定度比经典误差理论更科学、更实用，所以从 1970 年以来，在世界各国的计量领域，测量不确定度得到了更广泛的应用。

从定义上讲，测量不确定度和测量误差之间既有一定的联系又有一定的区别。首先，从测量不确定度和测量误差定义的本质上说，是具有明显区别的。测量不确定度反映的是测量结果可能取值的范围，表征合理地赋予被测量之值的分散性，是与测量结果相联系的参数，也是按照某一置信概率真值可能落入的一个区间。其数值大小与测量结果无关，可能测量结果不同，测量不确定度却相同。测量不确定度是以测量结果为中心，评定测量结果与被测量相符合的程度。测量不确定度恒为值，是一个无符号参数，其本身只能用 U 表示，常见的"$\pm U$"表示"测量结果"可能变化的范围。测量误差是测量结果减去真值之差，是一个差值。测量误差以真值为中心，表明测量结果偏离真值的程度，是客观存在的，是针对一次测量的一个确定值。测量误差表明的是测量结果与真值之间的差异程度，而真值一般是未知、理想的量，因此测量误差作为测量结果其本身也是不确定的。所以从定义上看，测量不确定度和测量误差几乎没有什么联系，有时测量误差很小，测量不确定度却很大；有时测量误差很大，而测量不确定度却可能很小。

从产生原因上讲，测量不确定度和测量误差几乎是相同的。它们产生的根本原因是人类对客观事物本身的认识带有一定的不完善性，使得赋予客观事物的概念、意义不明确，还有一些客观因素是不可避免的，且带有随机性。测量不确定度与测量误差产生的因素具体可分为以下几方面：

（1）来自被测对象的因素，主要包括以下几方面：第一，被测量定义的不完善、不准确引入的因素。比如，要测量金属物体的长度，即长度为测量结果，温度不同对测量结果的影响也不同；被测对象的定义不完善（温度不明确），引入测量不确定度与测量误差。第二，被测对象的不稳定引入的因素。比如被测对象可能受温度、压力、干扰等外部不稳定因素的影响，也可能受老化、失效、衰减等自身因素影响，使得被测对象不稳定。第三，取样的代表性不够引入的因素，即取样测量的样本不能完全代表所定义的被测量。

（2）来自测量方法的因素，包括以下几方面：第一，测量方法和测量程序不理想引入的因素。比如，使用钢卷尺测量罐体的周长，测量时由于摩擦力、用力不均等原因，不能使卷尺完全贴合于罐体，给测量结果带来一定的误差，引入不确定度。第二，测量模型不够完善引入的因素。第三，引用的数据和其他参量不准确引入的因素。

（3）来自测量仪器或标准物质的因素，包括测量仪器的计量性能（如灵敏度、鉴别力阈、分辨力、漂移、死区、响应时间及稳定性等）的局限性。另外，测量标准或标准物质本身的不确定因素也是不确定度与测量误差产生的原因之一。

（4）来自测量环境的因素，主要指测量过程中对测量环境认识不够全面、对测量环境控制不完善引入的因素。一般来说，温度、湿度、压力、磁场等环境因素影响被测量对象的许多特性，也就是说许多被测量与环境因素有关。有些是可以通过修正对被测量进行补偿的，但对有些影响量则没采取措施。比如：长度测量中，钢棒的支撑方式对测量结果有明显影响，但由于认识不足等原因，没采取措施，引入不确定度，也产生测量误差。

（5）来自测量人员的因素。测量人员在读数中存在人为偏差，比如：对被测仪器读数时，一般读到最小刻度的1/10，而由于人为偏差，或左或右，产生测量误差，引入不确定因素。

以上这些因素的综合结果，就使测量结果产生一个误差，而通过对这些因素和测量中得到的数据选择合适的数学模型进行合理的分析评定，就可以得到测量结果可以取值的一个区域，即测量结果的不确定度。所以，一切测量结果都不可避免地存在不确定度，也一定产生测量误差。

从使用方法及应用领域来讲，测量不确定度和测量误差是不同的。测量是以确定量值为目的而进行的一组操作。任一测量结果都与真值不一样，存在一定的差值，即我们所说的测量误差。科学研究证明，测量误差是客观存在的，但又是可以控制的。有测量必然有误差，测量误差自始至终一直存在于科学实验和测量过程之中，这是我们普遍认识的误差理论。随着科学技术的发展，检测技术、检测方法的进步，人们认识能力的提高，测量误差可以控制得越来越小，但不能为零。测量误差根据产生的原因分为系统误差和随机误差。单次测量结果与期望的差值（在重复性条件下）为随机误差。对一个被测量进行若干次测量，就单一的随机误差来看，可能是正值也可能是负值，可能大也可能小，但当测量次数多到一定程度，就会出现对称现象，随机误差的期望值为零。随机误差大多来自重复性条件影响因素的变化，大部分可以得到控制，尽量减小随机误差。在重复性条件下，测量结果期望值与真值的差值为系统误差。系统误差大多来源于重复性条件的影响因素，大多是不能补偿完全的。在测量人员认清被测量的前提下，可以通过对各种影响量的分析控制，尽可能消除由于测量仪器、环境、测量人员等可引入随机误差的影响，比如增加测量次数、改进测量过程、使用规范操作、按时对仪器或标准物质进行检定或校准等，减小测量误差，从而使测量结果更加接近真值。对于系统误差的用法，经常用含有误差的测量结果加上修正值（大小等于系统误差，符号相反）来补偿系统误差的影响。已修正的测量结果更加接近真值或约定真值（系统误差或修正值通常用适当次数的重复测量的误差的均值来估计）。

根据《检测和校准实验室能力通用要求》（ISO/IEC 17025:2005）和《法定计量检定机构考核规范》（JJF 1069—2007）的规定，在对计量器具或标准器进行检定或校准后，要出具检定或校准证书，给出测量结果和测量不确定度。对建立计量标准装置、制定计量检定规程、提出检定方法时，也要评定标准装置的不确定度。

综上所述，测量不确定度与测量误差的主要区别如表3.3-1所示。

误差与不确定度的对比　　　　　　　　表 3.3-1

序号	测量误差	测量不确定度
1	表明被测量估计值偏离参考量值的程度	表明测得值的分散性
2	是一个有正号或负号的量值,其值为测得值减去被测量的参考量值,参考量值可以是真值或标准值、约定值	是被测量估计值概率分布的一个参数,用标准偏差或标准偏差的倍数表示该参数的值,是一个非负的参数。测量不确定度与真值无关
3	参考量值为真值时,测量误差是未知的	测量不确定度可以由人们根据测量数据、资料、经验等信息评定,从而可以定量评定测量不确定度的大小
4	误差是客观存在,不以人的认识程度而改变	评定的测量不确定度与人们对被测量和影响量及测量过程的认识有关
5	测量误差按其性质可分为随机误差和系统误差,涉及真值时,随机误差和系统误差都是理想概念	测量不确定度分量评定时一般不必区分其性质,若需要区分时应表述为"由随机影响引入的测量不确定度分量"和"由系统影响引入的测量不确定度分量"
6	测量误差的大小说明赋予被测量的值的准确程度	测量不确定度的大小说明赋予被测量的值的可信程度
7	当用标准值或约定值作为参考量值时,可以得到系统误差的估计值,已知系统误差的估计值时,可以对测得值进行修正,得到已修正的被测量估计值	不能用测量不确定度对测得值进行修正,已修正的被测量估计值的测量不确定度中应考虑由修正不完善引入的测量不确定度

3.4　测量不确定度的评定方法

在进行不确定度的评定之前,要首先确定被测量与测量方法,被测量是需要被测并对测量结果进行不确定度分析的量,测量方法包括测量原理、测量仪器、测量条件以及数据处理等。测量方法与被测量的测量结果密切相关,因此,对被测量与测量方法进行详细描述,是客观准确地评价测量结果不确定度的基础,也是进行不确定度评定的前提。

大量试验研究表明,为提高测量不确定度评定的可靠性,就评定方法而言,应该采用直接评定法或综合评定法对材料不同的检测参数和不同的检测方法进行评定。现把这两种不同评定方法的要点叙述如下。

3.4.1 直接评定法

（1）适用条件。

直接评定法的适用条件如下：

①如果对数学模型中的所有输入量进行了测量不确定度分量的评定，就能包含测量过程中所有影响测量不确定度的主要因素；

②由试验标准方法所决定的数学模型，能比较容易地求出所有输入量的灵敏系数；

③各输入量之间是相关还是独立关系是明确的。

如果这些前提条件都能满足，那么采用直接评定法是可行的。反之，则可行性不强。

（2）直接评定法的思路。

在试验条件下（检测方法、环境条件、测量仪器、被测对象、检测过程等）明确的基础上，建立由检测参数试验原理所给出的数学模型，即输出量与若干个输入量之间的函数关系（一般由该参数的测试方法标准给出），然后按照检测方法和试验条件对测量不确定度的来源进行分析，找出测量不确定度的主要来源，以此求出各个输入量估计值的标准不确定度，得到各个标准不确定度分量。然后按照不确定度传播规律，根据数学模型求出每个输入量估计值的灵敏系数，再根据输入量间是彼此独立还是相关，还是二者皆存在的关系，进行合成，求出合成不确定度，最后根据对置信度的要求（95%还是99%）确定包含因子（取2还是取3），从而求得扩展不确定度。也就是说，抓住并评定出各个输入量不确定度因素对输出量不确定度的贡献，从而得到所需要的评定结果。

3.4.2 综合评定法

（1）试验条件。

综合评定法的适用条件如下：所有输入量的不确定度分量并不能包含影响检测结果所有的主要不确定因素；所有或部分输入量的不确定度分量量化困难；有的检测项目由数学模型求某些输入量的灵敏系数十分困难或非常复杂。这时如果仍然使用直接评定法，不仅可靠性低，而且缺乏可操作性。对于这种情况必须采用综合法进行评定。

（2）综合评定法的思路。

由于该类检测项目在不确定度评定中，不仅输入量的不确定度因素量化困难，而且所有不确定度分量不能包含影响检测结果所有的主要不确定度因素，况且有的检测项目由数学模型求取不确定度灵敏系数十分困难或非常复杂。因此，该方法的思路是：在试验方法(包括试样的制备和一切试验的操作)满足国家标准要求以及所用设备、仪器和标样也都满足国家标准或国家计量检定规程要求的条件下,综合考虑并评定试验结果重复性(包含人员、试验机、材料的不均匀性、在满足标准条件下试样加工、试验条件及操作的各种差异等因素)引入的不确定度分量、试验设备误差所引入的不确定度分量、所使用的标准试样偏差所引入的不确定度分量以及根据方法标准和数据修约标准对测试结果进行数值修约所引入的不确定度分量,然后再进行不确定度合成、扩展,最后得到评定结果。

大量评定结果表明,在材料理化检验不确定度的评定中,根据参数检测的不同情况应该采用直接评定法和综合评定法来进行。对于采用直接评定法评定存在困难或缺乏可操作性的检测项目,采用综合评定法能够较好地解决评定中的许多难点,不仅具有可操作性,而且评定结果也是可靠的。

3.4.3　测量不确定度评定的一般流程

用 GUM 法评定测量不确定度的一般流程如图 3.4-1 所示。

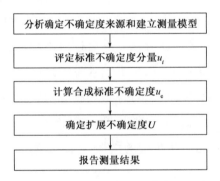

图 3.4-1　用 GUM 法评定不确定度的一般流程

(1)分析确定不确定度来源和建立测量模型。

首先要从上面提到的可能产生不确定度的方面进行分析,尽量能够找出所有对测量结果有影响的分量,在这个过程中要尽量做到不遗漏、不重复,而在来源分析阶段,要判断哪些不确定度的来源影响较大,哪些可以忽略不计。对于公路工程试验检测来说,不确定度的主要来源有检测时重复性引入的不确定度以及检测设备本身引入的不确定度。

建立测量模型的目的是通过测试方法建立相应的数学模型,为了更方便、更系统地对不同来源的不确定度进行整合及计算。在公路工程试验检测中,有的检测参数能够根据测试方法得出明确的测量模型,而有的参数无法得到明确的测量模型或者测量模型的建立比较复杂。

在一般测量中,在试验条件已知的基础上,能够根据测量方法建立数学模型,即被测量 Y 与 N 个其他量 X_i 之间的函数关系,其一般形式可写为:

$$Y = f(X_1, X_2, \cdots, X_N) \tag{3.4-1}$$

式中,X_i 也称为输入量,被测量 Y 也称为输出量。

建立的数学模型便于后面的不确定度的评定计算,也可以理解为计算测量结果不确定度的公式。一般情况下,会对计算公式进行适当简化,忽略一些对测量结果影响较小的因素。如果不能建立明确的测量模型或测量模型的建立很复杂,则需要通过大量重复性测量对不确定度进行综合评定后再进行合成计算。

(2)评定标准不确定度分量 u_i。

每个测量不确定度的来源用其概率分布的标准偏差估计值表征,称为标准不确定度分量。标准不确定度分量的评定就是要获得每一个经过来源分析会对测量结果产生影响的分量的标准偏差的估计值,而确定各分量最佳估计值的方法分为两类:根据对 X_i 的一系列测得值 x_i 得到试验标准偏差的方法称为 A 类评定;根据有关信息估计的先验概率分布得到标准偏差估计值的方法称为 B 类评定。B 类评定的结果是根据已知信息、实验估计或者基于经验等方法进行估算得到的。

(3)计算合成标准不确定度 u_c。

当分别对不同来源的不确定度分量进行整理后,按照 A 类与 B 类的评定方法对其进行标准不确定度分量的评定,之后再对这些分量进行合成计算。

当被测量 Y 由 N 个其他量 X_i 通过线性测量函数 f 确定时,被测量的估计值 y 的合成标准不确定度可由公式(3.4-2)得到:

$$u_c(y) = \sqrt{\sum_{i=1}^{N}\left(\frac{\partial f}{\partial x_i}\right)^2 u(x_i)^2 + 2\sum_{i=1}^{N-1}\sum_{j=i+1}^{N}\frac{\partial f}{\partial x_i}\frac{\partial f}{\partial x_j}r(x_i,x_j)u(x_i)u(x_j)} \tag{3.4-2}$$

式中:$u_c(y)$——合成标准不确定度;

y——被测量 Y 的估计值;

x_i——输入量 X_i 的估计值;

$u(x_i)$——输入量 x_i 的标准不确定度;

$r(x_i, x_j)$——输入量 x_i 和 x_j 的相关系数;

$\dfrac{\partial f}{\partial x_i}$——被测量 Y 与有关的输入量 x_i 之间的函数对于输入量 x_i 的偏导数,称为灵敏系数。

其中,灵敏系数通常是对测量函数 f 在 $X_i = x_i$ 处取偏导数得到,也可用 c_i 表示。在有些情况下,灵敏系数难以通过函数计算得到,可以通过实验确定。

当建立的数学模型为线性模型,各输入量间均不相关,且灵敏系数为1时,合成标准不确定度可变换为:

$$u_c(y) = \sqrt{\sum_{i=1}^{N} u^2(x_i)} \qquad (3.4\text{-}3)$$

(4)确定扩展不确定度 U。

扩展不确定度是被测量可能值包含区间的半宽度,分为 U 和 U_p 两种。一般情况下,在给出测量结果时报告扩展不确定度 U。

扩展不确定度 U 由合成不确定度 u_c 乘包含因子 k 得到:

$$U = ku_c \qquad (3.4\text{-}4)$$

测量结果可以表示为:

$$Y = y \pm U \qquad (3.4\text{-}5)$$

在通常的测量中,一般取 $k=2$。当取其他值时,应说明其来源。当给出扩展不确定度 U 时,一般应注明所取的 k 值。若未注明 k 值,则 $k=2$。

当要求扩展不确定度所确定的区间具有接近于规定的包含概率 p 时,扩展不确定度用 U_p 表示。U_p 由下式获得:

$$U_p = k_p u_c \qquad (3.4\text{-}6)$$

k_p 是包含概率为 p 的包含因子。

$$k_p = t_p(\nu_{\text{eff}}) \qquad (3.4\text{-}7)$$

根据合成不确定度 $u_c(y)$ 的有效自由度 ν_{eff} 和需要的包含概率查《测量不确定度评定与表示》(JJF 1059.1—2012)附录 B 得到 $t_p(\nu_{\text{eff}})$ 值。

在给出 U_p 时,应同时给出包含概率 p 和有效自由度 ν_{eff}。

(5)报告测量结果。

完整的测量结果应报告被测量的估计值及其测量不确定度以及有关的信息。报告应尽可能详细,以便使用者可以正确地利用测量结果。

通常在报告测量结果时都用扩展不确定度表示。具体报告中的内容与测量结果的表示方法应符合 JJF 1059.1—2012 中的规定,同时还应该注意有效数字以及规范表述等问题。

在整个不确定度的评定流程中,最关键的一步就是建立测量模型,建立一个适当的测量模型,能够使影响结果的关键因素一目了然,同时可以减少测量不确定度的分量,增加了科学性和准确性。后面的步骤就是利用建立的测量模型进行分析计算,具体的计算方法可以参考《测量不确定度评定与表示》(JJF 1059.1—2012)。

对于公路工程试验检测设备,在不确定度评定当中的重点,除了测量模型的建立以外,就是需要对不确定度来源进行优化与取舍,以便更方便快捷地计算与分析。

3.4.4 测量不确定度来源分析

由测量所得的测得值只是被测量的估计值,测量过程中的随机影响及系统影响均会导致测量不确定度。对已认识的系统影响进行修正后的测量结果仍然只是被测量的估计值,还存在由随机影响导致的不确定度和由于对系统影响修正不完善导致的不确定度。从不确定度评定方法上所作的 A 类评定、B 类评定的分类与产生不确定度的原因无任何联系,不能称为随机不确定度和系统不确定度。

测量不确定度的来源分析是不确定度评定的一个重要部分,在分析阶段,要结合实际情况去判断不确定度的来源,按照一定的规律去分析相关的影响因素,并将不确定度分量整理列出,同时也要具体问题具体分析,准确、详细地进行相关问题的测量不确定度来源分析。一般情况下,测量中的测量不确定度来源可以从以下几方面考虑:

(1)被测量的定义不完整;

(2)复现被测量的测量方法不理想;

(3)取样的代表性不够,即被测样本不能完全代表所定义的被测量;

(4)对测量过程受环境影响的认识不恰如其分或对环境参数的测量与控制不完善;

(5)对模拟式仪表的读数存在人为的偏差;

(6)测量仪器计量性能的局限性导致的不确定度,即仪器的不确定度;

(7)测量标准或标准物质提供的量值的不确定度;

(8)引用的数据或其他参量的不确定度;

(9)测量方法和测量程序中的近似和假设;

(10)在相同条件下在重复观测中测得的量值的变化。

这些方面的不确定度来源都是围绕影响测量结果的因素考虑的,以上 10 个方面的来源可以归纳为:被测对象(1)、(3),测量设备(6),测量环境(4),测量人员(5),测量方法(2)、(7)、(8)、(9)、(10),这些不确定度的来源只是几个方面,不能代表全部的不确定度来源,同时也不能表示每一项不确定度评定都需要存在上述的来源。测量不确定度的来源必须根据实际测量情况进行具体分析。分析时,除了定义的不确定度外,可从测量仪器、测量环境、测量人员、测量方法等方面全面考虑,特别要注意对测量不确定度影响较大的不确定度来源,应尽量做到不遗漏、不重复。

上述不确定度的来源不一定是独立的,可能其中的一项或几项也受另外几项因素的影响,这就要求在进行不确定度来源分析的时候,通过各个因素间的联系,尽量找出全部的影响因素,在对这些因素进行评估分析之后,去掉一些影响可以忽略不计的因素。对于那些尚未认识到的系统误差效应,在测量不确定度的评定中是无法考虑的,但它们可能会对测量结果产生一定影响。而对于那些已经分辨出的系统误差,需对测量结果加以修正(速度修正、温度修正等),此时应考虑修正值的不确定度。修正仅仅是对系统误差的补偿,修正值是具有不确定度的。在评定已修正的被测量的估计值的测量不确定度时,要考虑修正引入的不确定度。只有当修正值的不确定度较小,且对合成标准不确定度的贡献可忽略不计的情况下,才可不予考虑。测量中的失误或突发因素不属于测量不确定度来源。在测量不确定度评定中,应剔除测得值中的离群值(异常值),离群值的剔除应通过对数据的适当检验后进行。

在公路工程的计量检测中,可以参考上述 10 项不确定度的来源进行分析,还需要找到有关联的因素以及考虑修正值的因素,结合实际情况做出判断。但在实际操作中不能局限于这 10 项来源,要根据计量器具的特点以及试验现场具体情况进行具体分析,做出对不确定度来源最全面的考虑。

3.4.5 测量模型的建立

测量中,当被测量(即输出量)Y 由 N 个其他量 $X_1, X_2, \cdots, X_N$(即输入量)通过函数 f 来确定时,则公式(3.4-8)称为测量模型:

$$Y = f(X_1, X_2, \cdots, X_N) \tag{3.4-8}$$

式中,大写字母表示量的符号,f 为测量函数。

设输入量 X_i 的估计值为 x_i,被测量 Y 的估计值为 y,则测量模型可写成:

$$y = f(x_1, x_2, \cdots, x_N) \tag{3.4-9}$$

测量模型与测量方法有关。

注:在一系列输入量中,第 k 个输入量用 X_k 表示。如果第 k 个输入量是电阻,其符号为 R,则 X_k 可表示为 R。

在简单的直接测量中,测量模型可能简单到公式(3.4-10)的形式:

$$Y = X_1 - X_2 \tag{3.4-10}$$

甚至简单到公式(3.4-11)的形式:

$$Y = X \tag{3.4-11}$$

注:例如,用压力表测量压力,被测量(压力)的估计值 y 就是仪器(压力表)的示值 x。

测量模型为 $y=x$。

输出量 Y 的每个输入量 $X_1, X_2, \cdots, X_N$，本身可看作为被测量，也可取决于其他量，甚至包括修正值或修正因子，从而可能导出一个十分复杂的函数关系，甚至测量函数 f 不能用显式表示出来。

物理量测量的测量模型一般根据物理原理确定。非物理量或在不能用物理原理确定的情况下，测量模型也可以用实验方法确定，或仅以数值方程给出。在可能情况下，尽可能采用按长期积累的数据建立的经验模型。用核查标准和控制图的方法表明测量过程始终处于统计控制状态时，有助于测量模型的建立。

如果数据表明测量函数没有能将测量过程模型化至测量所要求的准确度，则要在测量模型中增加附加输入量来反映对影响量的认识不足。

测量模型中输入量可以是：

（1）由当前直接测得的量。这些量值及其不确定度可以由单次观测、重复观测或根据经验估计得到，并可包含对测量仪器读数的修正值和对诸如环境温度、大气压力、湿度等影响量的修正值。

（2）由外部来源引入的量。如已校准的计量标准或有证标准物质的量，以及由手册查得的参考数据等。

在分析测量不确定度时，测量模型中的每个输入量的不确定度均是输出量的不确定度的来源。

如果是非线性函数，可采用泰勒级数展开，忽略其高阶项后将被测量近似为输入量的线性函数，才能进行测量不确定度评定。当测量函数为明显非线性时，合成标准不确定度中需考虑泰勒级数展开中的主要高阶项。

被测量 Y 的最佳估计值 y 在通过输入量 $X_1, X_2, \cdots, X_N$ 的估计值 $x_1, x_2, \cdots, x_N$ 得出时，有公式(3.4-12)和公式(3.4-13)两种计算方法：

（1）计算方法一。

$$y = \bar{y} = \frac{1}{n}\sum_{k=1}^{n} y_k = \frac{1}{n}\sum_{k=1}^{n} f(x_{1k}, x_{2k}, \cdots, x_{Nk}) \tag{3.4-12}$$

式中，y 是取 Y 的 n 次独立测得值 y_k 的算术平均值，其每个测得值 y_k 的不确定度相同，且每个 y_k 都是根据同时获得的 N 个输入量 X_i 的一组完整的测得值求得的。

（2）计算方法二。

$$y = f(\bar{x}_1, \bar{x}_2, \cdots, \bar{x}_N) \tag{3.4-13}$$

式中，$\bar{x}_i = \frac{1}{n}\sum_{k=1}^{n} x_{i,k}$，它是第 i 个输入量的 k 次独立测量所得的测得值 $x_{i,k}$ 的算术平均

值。这一方法的实质是先求 X_i 的最佳估计值,再通过函数关系式计算得出 y。

以上两种方法,当 f 是输入量 X_i 的线性函数时,它们的结果相同。但当 f 是 X_i 的非线性函数时,应采用式(3.4-12)的计算方法。用总重复性代替各输入量重复性的合成,既简单又有利。

3.4.6 标准不确定度的评定

测量不确定度一般由若干个分量组成,每个分量用其概率分布的标准偏差估计值表征,称标准不确定度分量,用标准不确定度表示的各分量用 u_i 表示。根据对 X_i 的一系列测得值 x_i 得到实验标准偏差的方法为 A 类评定,根据有关信息估计的先验概率分布得到标准偏差估计值的方法为 B 类评定。在识别不确定度来源后,对不确定度各个分量做一个预估算是必要的,测量不确定度评定的重点应放在识别并评定那些重要的、占支配地位的分量上。

标准不确定度是指以标准偏差 σ 表示的测量不确定度,主要表示的是测量过程中结果的不确定度。标准不确定度根据其评定方法分为了 A 和 B 两类标准不确定度。

1) A 类标准不确定度的评定

对在规定测量条件下测得的量值,用统计分析的方法进行的测量不确定度分量的评定称为测量不确定度的 A 类评定,简称 A 类评定。其中,规定测量条件指的是在重复性条件或复现性条件下对同一被测量独立重复测量 n 次。A 类评定的特点是需要对被测量进行多次测量,通过对观测列采用统计分析的方法评定得出。标准不确定度 A 类评定的一般流程见图 3.4-2。

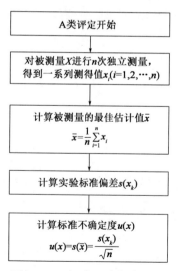

图 3.4-2 标准不确定度 A 类评定流程图

(1) A 类评定的基本方法。

A 类评定的基本方法主要有以下 3 种:

① 标准偏差法(贝塞尔公式法)。

用贝塞尔公式计算出的实验标准偏差 s 来表示 A 类评定标准不确定度,即:

$$s = \sqrt{\frac{\sum_{i=1}^{n}(x_i - \bar{x})^2}{n-1}} \quad (3.4\text{-}14)$$

式中: s ——实验标准差;

x_i ——第 i 次独立观测结果;

n ——独立观测次数;

$\bar{x}$——n 次独立观测结果的算数平均值,$\bar{x} = \frac{1}{n}\sum_{i=1}^{n}x_i$。

在实际应用中,必须注意区分以下 3 种情况:

a. 如果测量结果取观测列任一次 x_i 值,对应的标准不确定度为:

$$u(x_i) = s \qquad (3.4\text{-}15)$$

b. 当测量结果取 n 次观测列值的平均值 $\bar{x}$ 时,A 类评定标准不确定度是:

$$u(\bar{x}) = \frac{s}{\sqrt{n}} \qquad (3.4\text{-}16)$$

c. 当测量结果取其中的 m 个观测值的平均值 $\bar{x}_m$ 时,所对应的 A 类评定标准不确定度为:

$$u(\bar{x}_m) = \frac{s}{\sqrt{m}} \qquad (3.4\text{-}17)$$

式中,$1 \leq m \leq n$,次数 n 越大越可靠,一般 $n \geq 10$。

这 3 种情况的自由度均为:

$$\nu = n - 1 \qquad (3.4\text{-}18)$$

A 类评定的标准不确定度 $u(x)$ 的自由度为实验标准偏差 $s(x_k)$ 的自由度,即 $\nu = n - 1$(式中,n 为获得时的测量次数)。实验标准偏差 $s(\bar{x})$ 表征被测量估计值的分散性。

②合并样本标准差。

必须指出,为提高测量不确定度评定结果的可靠性,应采用合并样品标准差 s_p,即对输入量 x 在重复条件下进行了 n 次独立测量,得到 $x_1, x_2, \cdots, x_n$,其平均值为 $\bar{x}$,实验标准差为 s,自由度为 ν。如果进行 m 组这样的测量,则合并样品标准差 s_p 可按下式计算:

$$s_p = \sqrt{\frac{1}{m}\sum_{j=1}^{m}s_j^2} = \sqrt{\frac{1}{m(n-1)}\sum_{j=1}^{m}\sum_{i=1}^{n}(x_{ij} - \bar{x}_j)^2} \qquad (3.4\text{-}19)$$

自由度按下式计算:

$$\nu_p = \sum_{j=1}^{m}\nu_j \qquad (3.4\text{-}20)$$

式中:ν_p——高可靠性合并样本标准差的自由度;

ν_j——m 组测量列中第 j 组测量列的自由度,$\nu_j = n - 1$。

所以,式(3.4-20)也可以写为:

$$\nu_p = m \times (n - 1) \qquad (3.4\text{-}21)$$

在重复条件或复现性条件下进行规范化测量时,在测量状态稳定并受控的条件下,其测量结果的 A 类评定标准不确定度不需要对每次测量结果都进行评定,可直接采用预先评定的高可靠性合并样本标准差s_p。但应注意,只有在同类型被测量较稳定,m组测量列的各个标准差s_j相差不大,即s_j的不确定度可以忽略时,才能使用同一个s_p。因为测量列的标准差s_j也是一个变量,标准差$\hat{\sigma}(s)$为:

$$\hat{\sigma}(s) = \sqrt{\frac{\sum_{j=1}^{m}(s_j - \bar{s})^2}{m-1}} \tag{3.4-22}$$

式中:$\bar{s}$——标准差的平均值,即$\bar{s} = \frac{1}{m}\sum_{i=1}^{m}s_j$;

m——测量列组数;

s_j——第j组测量列的标准差。

而$\hat{\sigma}(s)$的估计值$\hat{\sigma}_{估}(s)$为:

$$\hat{\sigma}_{估}(s) = \frac{s_p}{\sqrt{2(n-1)}} \tag{3.4-23}$$

式中:n——测量列的测量次数。

在评定时,计算出$\hat{\sigma}_{估}(s)$后必须进行以下判断:

计算m组测量列标准差s_j的标准差:

a. 如果:

$$\hat{\sigma}(s) \leq \hat{\sigma}_{估}(s) \tag{3.4-24}$$

则表示测量状态稳定,高可靠度的s_p可以应用。

b. 如果:

$$\hat{\sigma}(s) > \hat{\sigma}_{估}(s) \tag{3.4-25}$$

则表示测量状态不稳定,高可靠度的s_p不可应用,这时可采用s_j中的s_{max}来评定。如,当$n=9$时,$\hat{\sigma}_{估}(s) = \frac{s_p}{4}$。所以,如果$m$组测量列标准差$s_j$的标准差$\hat{\sigma}(s) \leq \frac{s_p}{4}$,则测量稳定,$s_p$可应用,否则只能应用$s_j$中的$s_{max}$来评定。

必须指出,这种判定方法虽然具有一定的近似性,然而方法方便易行,可操作性强,具有实用性。

在实际应用时,对于较稳定的同类型被测量,在预先的评定中,得到了高可靠性的合并样本标准差s_p后,在以后的测量中,如果对输入量x只进行了k次测量($1 \leq k \leq n$),以k次测量的平均值$\bar{x}_k$作为测量结果,则该结果的标准不确定度为:

$$u(\bar{x}_k) = \frac{s_p}{\sqrt{k}} \tag{3.4-26}$$

$u(\bar{x}_k)$ 的自由度均等于 s_p 的自由度，即：

$$\nu_{\bar{x}_k} = \nu_p = m(n-1) \tag{3.4-27}$$

十分明显，计算合并标准偏差 s_p，采用的方法实质上属于贝塞尔公式法。

③极差法。

一般在测量次数较少时，可采用极差法获得 $s(x_k)$。在重复性条件或复现性条件下，对 X_i 进行 n 次独立测量，测得值中的最大值与最小值之差称为极差，用符号 R 表示。在 X_i 可以估计接近正态分布的前提下，可采用极差法，即单次结果 x_i 的实验标准差 s 为：

$$s = R/C \tag{3.4-28}$$

式中：C——极差系数；

R——极差（$R = x_{\max} - x_{\min}$）。

被测量估计值的标准不确定度为：

$$u(\bar{x}) = s/\sqrt{n} = R/(C\sqrt{n}) \tag{3.4-29}$$

测量次数 n，极差系数 C，自由度 ν 的数据如表 3.4-1 所示。

表 3.4-1 测量次数 n，极差系数 C，自由度 ν 的数据

n	2	3	4	5	6	7	8	9
C	1.13	1.64	2.06	2.33	2.53	2.70	2.85	2.97
ν	0.9	1.8	2.7	3.6	4.5	5.3	6.0	6.8

例

> 对某被测件的长度进行 4 次测量，最大值与最小值之差为 3cm，查表 3.4-1 得，极差系数 C 为 2.06，则由 A 类评定得到的长度测量的标准不确定度为：$u(x) = s(\bar{x}) = \dfrac{R}{C\sqrt{n}} = \dfrac{3}{2.06 \times \sqrt{4}} = 0.73 (\text{cm})$，自由度 $\nu = 2.7$。

同一问题的计算表明，极差法与标准偏差法相比，不确定度增大，自由度下降，可靠度降低。

（2）在规范化的常规检定、校准或检测中评定合并样本标准偏差。

当使用同一个计量标准或测量仪器在相同条件下检定或测量示值基本相同的一组同类被测件的被测量时，可以用该组被测件的测得值做测量不确定度的 A 类评定。

若对每个被测件的被测量 x_i 在相同条件下进行 n 次独立测量，有 $x_{i1}, x_{i2}, \cdots, x_{in}$，其平均值为 $\bar{x}_i$，若有 m 个被测件，则有 m 组这样的测得值，可按公式（3.4-30）计算单个测得

值的合并标准偏差：

$$s_p(x_k) = \sqrt{\frac{1}{m(n-1)}\sum_{i=1}^{m}\sum_{j=1}^{n}(x_{ij}-\bar{x}_i)^2} = u^2(x_i) \tag{3.4-30}$$

式中：i——组数，$i=(1,2,\cdots,m)$；

　　　j——每组测量的次数，$j=(1,2,\cdots,n)$。

公式(3.4-30)给出的 $s_p(x_k)$，其自由度为 $m(n-1)$。

若对每个被测件已分别按 n 次重复测量算出了其实验标准偏差，则 m 组的合并标准偏差 $s_p(x_k)$ 可按公式(3.4-31)计算：

$$s_p(x_k) = \sqrt{\frac{1}{m}\sum_{i=1}^{m}s_i^2} \tag{3.4-31}$$

当实验标准偏差 s_i 的自由度为 ν_0 时，公式(3.4-31)给出的 $s_p(x_k)$ 的自由度为 $m\nu_0$。

若对 m 个被测量 X_i 分别重复测量的次数不完全相同，设各为 n_i，而 X_i 的标准偏差 $s(x_i)$ 的自由度为 $\nu_i = n_i - 1$，可按公式(3.4-32)计算：

$$s_p(x_k) = \sqrt{\frac{1}{\sum \nu_i}\sum \nu_i s_i^2} \tag{3.4-32}$$

公式(3.4-32)给出的 $s_p(x_k)$ 的自由度为 $\nu = \sum_{i=1}^{m}\nu_i$。

由上述方法对某个被测件进行次测量时，所得被测量最佳估计值的 A 类评定的标准不确定度为：

$$u(x) = s(\bar{x}) = s_p(x_k)/\sqrt{n'} \tag{3.4-33}$$

用这种方法可以增大评定的标准不确定度的自由度，也就提高了可信程度。

(3)预评估重复性。

在日常开展同一类被测件的常规检定、校准或检测工作中，如果测量系统稳定，测量重复性无明显变化，则可用该测量系统以与测量被测件相同的测量程序、操作者、操作条件和地点，预先对典型的被测件的典型被测量值，进行 n 次测量(一般 n 不小于10)，由贝塞尔公式计算出单个测得值的实验标准偏差 $s(x_k)$，即测量重复性。在对某个被测件实际测量时，可以只测量 n' 次 $(1 \leqslant n' < n)$，并以 n' 次独立测量的算术平均值作为被测量的估计值，则该被测量估计值由于重复性导致的 A 类标准不确定度按公式(3.4-34)计算：

$$u(\bar{x}) = s(\bar{x}) = s(x_k)/\sqrt{n'} \tag{3.4-34}$$

用这种方法评定的标准不确定度的自由度仍为 $\nu = n-1$。应注意，当怀疑测量重复性有变化时,应及时重新测量并计算实验标准偏差 $s(x_k)$。

> **例**
>
> 在压力计校准中,预先对与被校压力计同类的压力计的典型刻度测量 10 次($n = 10$),用贝塞尔公式计算出测量系统的重复性 $s(x_k)$,然后在重复性条件下,对被校压力计的刻度进行 5 次测量($n' = 5$),取 5 次测量的平均值作为被测量的估计值,则由测量重复性引入的标准不确定度分量用 A 类评定表示为: $u_A = s(x_k)/\sqrt{5}$,自由度 $= 10 - 1 = 9$。

(4)当输入量 X_i 的估计值 x_i 是由实验数据用最小二乘法拟合的曲线得到时,曲线上任何一点和表征曲线拟合参数的标准不确定度,可用有关的统计程序评定。如果被测量估计值 x_i 在多次观测中呈现与时间有关的随机变化,则应采用专门的统计分析方法。例如,在频率测量中,需采用阿伦标准偏差(阿伦方差)。

(5)A 类评定方法通常比用其他评定方法所得到的不确定度更为客观,并具有统计学的严格性,但要求有充分的重复次数。此外,这一测量程序中的重复测量的测得值应相互独立。

(6)A 类评定时应尽可能考虑随机效应的来源,使其反映到测得值中去。

注:

(1)若被测量是一批材料的某一特性,A 类评定时应该在这批材料中抽取足够多的样品进行测量,以便把不同样品间可能存在的随机差异导致的不确定度分量反映出来;

(2)若测量仪器的调零是测量程序的一部分,获得 A 类评定的数据时,应注意每次测量要重新调零,以便计入每次调零的随机变化导致的不确定度分量;

(3)通过直径的测量计算圆的面积时,在直径的重复测量中,应随机地选取不同的方向进行测量;

(4)在一个气压表上重复多次读取示值时,每次把气压表扰动一下,就要让它恢复到平衡状态后再进行读数。

2)B 类标准不确定度的评定

用不同于测量不确定度 A 类评定方法进行的测量不确定度分量的评定称为测量不确定度的 B 类评定,简称 B 类评定。

B 类评定不用统计分析法,而是基于其他方法估计概率分布、分布假设或者根据一般经验来评定标准差并得到标准不确定度。B 类评定是借助影响被测量估计值可能变化的全部信息进行科学判定的。

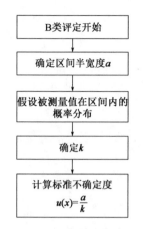

图 3.4-3 标准不确定度 B 类评定流程图

A 类评定与 B 类评并不存在本质上的差别,二者都基于概率分布,用标准差表征,只是通过不确定度的产生途径不同加以区分,便于计算。标准不确定度 B 类评定的一般流程见图 3.4-3。

(1)基本计算公式。

B 类评定的方法是根据有关的信息或经验,判断被测量的可能值区间 $[\bar{x}-a, \bar{x}+a]$,假设被测量值的概率分布,根据概率分布和要求的概率 p 确定 k,则 B 类标准不确定度 u_B 可由公式(3.4-35)得到:

$$u_B = \frac{a}{k} \quad (3.4\text{-}35)$$

式中:a——被测量可能值区间的半宽度;

k——根据概率论获得的 k 称置信因子,当 k 为扩展不确定度的倍乘因子时称包含因子。

区间半宽度 a 一般根据以下信息确定:

①以前测量的数据;

②对有关技术资料和测量仪器特性的了解和经验;

③生产厂商提供的技术说明书;

④校准证书、检定证书或其他文件提供的数据;

⑤手册或某些资料给出的参考数据;

⑥检定规程、校准规范或测试标准中给出的数据;

⑦其他有用的信息。

注:

(1)生产厂商提供的测量仪器的最大允许误差为 $\pm\Delta$,并经计量部门检定合格,则评定仪器的不确定度时,可能值区间的半宽度为:$a=\Delta$;

(2)校准证书提供的校准值,给出了其扩展不确定度为 U,则区间的半宽度为:$a=U$;

(3)由手册查出所用的参考数据,其误差限为 $\pm\Delta$,则区间的半宽度为:$a=\Delta$;

(4)由有关资料查得某参数的最小可能值为 a_- 和最大值为 a_+,最佳估计值为该区间的中点,则区间半宽度可以用下式估计:$a=(a_+-a_-)/2$;

(5)当测量仪器或实物量具给出准确度等级时,可以按检定规程规定的该等级的最大允许误差(或测量不确定度)得到对应区间半宽度;

(6)必要时,可根据经验推断某量值不会超出的范围,或用实验方法来估计可能的区间。

(2)k的确定方法。

①已知扩展不确定度是合成标准不确定度的若干倍时,该倍数就是包含因子k。

②假设为正态分布,根据要求的概率查表3.4-2得到k。

正态分布情况下概率p与置信因子k间的关系　　　　表3.4-2

p	0.5	0.68	0.90	0.95	0.9545	0.99	0.9973
k	0.675	1	1.645	1.960	2	2.576	3

③假设为非正态分布,根据概率分布表查表3.4-3得到k。

常用非正态分布的置信因子k及B类标准不确定度$u_B(x)$　　　　表3.4-3

分布类别	$p(\%)$	k	$u_B(x)$
三角	100	$\sqrt{6}$	$a/\sqrt{6}$
梯形$\beta=0.71$	100	2	$a/2$
矩形(均匀)	100	$\sqrt{3}$	$a/\sqrt{3}$
反正弦	100	$\sqrt{2}$	$a/\sqrt{2}$
两点	100	1	a

注:表中β为梯形的上底与下底之比,对于梯形分布来说,$k=\sqrt{6/(1+\beta^2)}$。当β等于1时,梯形分布变为矩形分布;当β等于0时,变为三角分布。

(3)概率分布按以下不同情况假设。

①被测量受许多随机影响量的影响,当它们各自的效应同等量级时,不论各影响量的概率分布是什么形式,被测量的随机变化服从正态分布。

②如果有证书或报告给出的不确定度是具有包含概率为0.95、0.99的扩展不确定度(即给出U_{95}、U_{99}),此时,除非另有说明,否则可按正态分布来评定。

③当利用有关信息或经验,估计出被测量可能值区间的上限和下限,其值在区间外的可能性几乎为零时,分3种情况考虑:若被测量值落在该区间内的任意值处的可能性相同,则可假设为均匀分布(或称矩形分布、等概率分布);若被测量值落在该区间中心的可能性最大,则假设为三角分布;若落在该区间中心的可能性最小,而落在该区间上限和下限的可能性最大,则可假设为反正弦分布。

④已知被测量的分布由两个不同大小的均匀分布合成时,则可假设为梯形分布。

⑤对被测量的可能值落在区间内的情况缺乏了解时,一般假设为均匀分布。

⑥在实际工作中,可依据同行专家的研究结果和经验来假设概率分布。

注：

(1) 由数据修约、测量仪器最大允许误差或分辨力、参考数据的误差限、度盘或齿轮的回差、平衡指示器调零不准、测量仪器的滞后或摩擦效应导致的不确定度，通常假设为均匀分布；

(2) 两相同均匀分布的合成、两个独立量之和值或差值服从三角分布；

(3) 度盘偏心引起的测角不确定度、正弦振动引起的位移不确定度、无线电测量中失配引起的不确定度、随时间正弦或余弦变化的温度不确定度，一般假设为反正弦分布（即 U 形分布）；

(4) 按级使用量块时（除 00 级以外），中心长度偏差的概率分布可假设为两点分布；

(5) 当被测量受均匀分布角度 α 的影响呈 $1-\cos\alpha$ 的关系时，角度导致的不确定度、安装或调整测量仪器的水平或垂直状态导致的不确定度常假设为投影分布。

例

若数字显示器的分辨力为 δ_x，由分辨力导致的标准不确定度 $u(x)$ 采用 B 类评定，则区间半宽度为 $a=\delta_x/2$，假设可能值在区间内为均匀分布，取 $k=\sqrt{3}$，因此由分辨力导致的标准不确定度 $u(x)$ 为：

$$u(x) = \frac{a}{k} = \frac{\delta_x}{2\sqrt{3}} = 0.29\delta_x$$

(4) B 类标准不确定度的自由度可按公式(3.4-36)计算：

$$\nu_i \approx \frac{1}{2}\frac{u^2(x_i)}{\partial^2 u(x_i)} \approx \frac{1}{2}\left[\frac{\Delta u(x_i)}{u(x_i)}\right]^{-2} \quad (3.4\text{-}36)$$

根据经验，按所依据的信息来源的可信程度来判断 $u(x_i)$ 的相对标准不确定度 $\frac{\Delta u(x_i)}{u(x_i)}$。按式(3.4-36)计算出的自由度 ν_i 列于表 3.4-4。

$\Delta u(x_i)/u(x_i)$ 与 ν_i 关系　　　　表 3.4-4

$\frac{\Delta u(x_i)}{u(x_i)}$	ν_i	$\frac{\Delta u(x_i)}{u(x_i)}$	ν_i
0	∞	0.30	6
0.10	50	0.40	3
0.20	12	0.50	2
0.25	8		

除用户要求或为获得 U_p 而必须求得 u_c 的有效自由度外,一般情况下,B 类评定的标准不确定度分量可以不给出其自由度。

(5)公路工程检测领域常用到的 B 类评定。

①校准结果带来的不确定度。

如果设备校准证书中给出的扩展不确定度 U 包含因子 k,则其标准不确定度为:

$$u_B = \frac{U}{k} \qquad (3.4\text{-}37)$$

②设备的最大允差带来的不确定度。

某测量设备的最大允差为 Δ,其概率分布可以近似地估计为均匀分布,则最大允差带来的标准不确定度为:

$$u_B = \frac{\Delta}{\sqrt{3}} \qquad (3.4\text{-}38)$$

在实际检测过程中,根据我国有关法律法规,很多设备的符合性采用计量检定的方式进行溯源,如果检定结果为合格的,说明设备的计量特性在其允差范围内,此时可以按上述方法给出设备最大允差带来的不确定度。

③仪器分辨力带来的不确定度。

仪器设备的分辨力为 δ,其概率分布可估计为均匀分布,则仪器设备分辨力带来的标准不确定度为:

$$u_B = \frac{\delta}{2\sqrt{3}} \qquad (3.4\text{-}39)$$

④对量值进行数字修约时,修约带来的不确定度。

对量值进行数字修约,修约间隔为 δ,其概率分布可估计为均匀分布,则修约带来的标准不确定度为:

$$u_B = \frac{\delta}{2\sqrt{3}} \qquad (3.4\text{-}40)$$

⑤已知测量结果的重复性或再现性 R,则重复性或再现性带来的标准不确定度为:

$$u_B = \frac{R}{2\sqrt{3}} \qquad (3.4\text{-}41)$$

由此可见,重复性或再现性带来的标准不确定度既可以用 A 类评定也可以用 B 类评定。A 类评定在一定程度上可以转化为 B 类评定。

3.4.7 合成标准不确定度的计算

由一个测量模型中各输入量的标准测量不确定度获得的输出量的标准测量不确定度,称为合成标准不确定度。当一个测量结果有着多种不确定度来源而产生多种不确定度分量时,通过对标准不确定度进行合成计算得到合成标准不确定度。在进行合成时首先要注意的是不确定度来源的分析,理清各种影响因素与测量结果之间的关系,要准确而全面地评定各标准不确定度分量,然后再进行分量的合成。

1)不确定度传播律

当被测量 Y 由 N 个其他量 $X_1, X_2, \cdots, X_N$ 通过测量函数 f 确定时,被测量的估计值 y 为:

$$y = f(x_1, x_2, \cdots, x_N) \tag{3.4-42}$$

被测量的估计值 y 的合成标准不确定度 $u_c(y)$ 按下式计算:

$$u_c(y) = \sqrt{\sum_{i=1}^{N}\left(\frac{\partial f}{\partial x_i}\right)^2 u^2(x_i) + 2\sum_{i=1}^{N-1}\sum_{j=i+1}^{N}\frac{\partial f}{\partial x_i}\frac{\partial f}{\partial x_j}r(x_i, x_j)u(x_i)u(x_j)} \tag{3.4-43}$$

式中:y——被测量 Y 的估计值,又称输出量的估计值;

x_i——输入量 X_i 的估计值,又称第 i 个输入量的估计值;

$\dfrac{\partial f}{\partial x_i}$——被测量 Y 与有关的输入量 X_i 之间的函数对于输入量估计值 x_i 的偏导数,称为灵敏系数。

💡注:灵敏系数通常是对测量函数 f 在 $X_i = x_i$ 处取偏导数得到,也可用 c_i 表示。灵敏系数是一个有符号、有单位的量值,它表明了输入量 x_i 的不确定度 $u(x_i)$ 影响被测量估计值不确定度 $u_c(y)$ 的灵敏程度。有些情况下,灵敏系数难以通过函数 f 计算得到,可以用实验确定,即改变一个特定的 X_i,测量出由此引起的 Y 的变化。

$u(x_i)$——输入量 x_i 的标准不确定度;

$r(x_i, x_j)$——输入量 x_i 与 x_j 的相关系数;

$r(x_i, x_j)u(x_i)u(x_j) = u(x_i, x_j)$ ——输入量 x_i 与 x_j 的协方差。

公式(3.4-43)被称为不确定度传播律。公式(3.4-43)是计算合成标准不确定度的通用公式,当输入量间相关时,需要考虑它们的协方差。

当各输入量间均不相关时,相关系数为零。被测量的估计值 y 的合成标准不确定度 $u_c(y)$ 按公式(3.4-44)计算:

$$u_c(y) = \sqrt{\sum_{i=1}^{N}\left(\frac{\partial f}{\partial x_i}\right)^2 u^2(x_i)} \tag{3.4-44}$$

当测量函数为非线性时,由泰勒级数展开成为近似线性的测量模型。若各输入量间均不相关,必要时,被测量的估计值 y 的合成标准不确定度 $u_c(y)$ 的表达式中必须包括泰勒级数展开式中的高阶项。当每个输入量 X_i 都是正态分布时,考虑高阶项后的 $u_c(y)$ 可按公式(3.4-45)计算:

$$u_c(y) = \sqrt{\sum_{i=1}^{N} \left(\frac{\partial f}{\partial x_i}\right)^2 u^2(x_i) + \sum_{i=1}^{N}\sum_{j=1}^{N} \left[\frac{1}{2}\left(\frac{\partial^2 f}{\partial x_i \partial x_j}\right)^2 + \frac{\partial f}{\partial x_i}\frac{\partial^3 f}{\partial x_i \partial x_j^2}\right] u^2(x_i) u^2(x_j)}$$

(3.4-45)

常用的合成标准不确定度计算流程见图3.4-4。

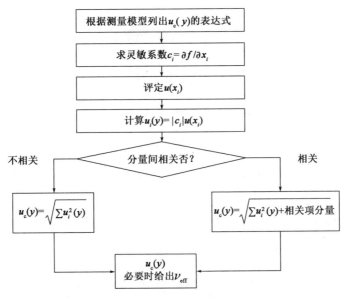

图 3.4-4 合成标准不确定度计算流程图

2) 各输入量间不相关时合成标准不确定度的计算

对于每一个输入量的标准不确定度 $u(x_i)$,设为相应的输出量的标准不确定度分量,当输入量间不相关,即 $r(x_i, x_j) = 0$ 时,则公式(3.4-44)可变换为公式(3.4-46):

$$u_c(y) = \sqrt{\sum_{i=1}^{N} u_i^2(y)}$$

(3.4-46)

(1) 当简单直接测量,测量模型为 $y = x$ 时,应该分析和评定测量时导致测量不确定度的各分量 u_i,若相互间不相关,则合成标准不确定度按公式(3.4-47)计算:

$$u_c(y) = \sqrt{\sum_{i=1}^{N} u_i^2}$$

(3.4-47)

例如,用卡尺测量工作的长度,测得值 y 就是卡尺上的读数 x。要分析用卡尺测量长度时影响测得值的各种不确定度来源,例如卡尺的不准、温度的影响等,应注意要将测量不确定度分量的计量单位折算到被测量的计量单位。例如,温度对长度测量的影响导致长度测量结果的不确定度,应该通过被测件材料的温度系数将温度的变化折算到长度的变化。

(2)当测量模型为 $Y = A_1X_1 + A_2X_2 \cdots A_NX_N$ 且各输入量间不相关时,合成标准不确定度可用公式(3.4-48)计算:

$$u_c(y) = \sqrt{\sum_{i=1}^{N} A_i^2 u^2(x_i)} \qquad (3.4\text{-}48)$$

(3)当测量模型为 $Y = A(X_1^{P_1} X_2^{P_2} \cdots X_N^{P_N})$ 且各输入量间不相关时,合成标准不确定度可用公式(3.4-49)计算:

$$\frac{u_c(y)}{|y|} = \sqrt{\sum_{i=1}^{N} \left(\frac{P_i u(x_i)}{x_i} \right)^2} \qquad (3.4\text{-}49)$$

(4)当测量模型为 $Y = A(X_1 X_2 \cdots X_N)$ 且各个输入量间不相关时,合成标准不确定度可用公式(3.4-50)计算:

$$\frac{u_c(y)}{|y|} = \sqrt{\sum_{i=1}^{N} [u(x_i)/x_i]^2} \qquad (3.4\text{-}50)$$

💡注:只有在测量函数是各输入量的乘积时,可由输入量的相对标准不确定度计算输出量的相对标准不确定度。

3)各输入量间正强相关(相关系数为1)时合成标准不确定度的计算

应按公式(3.4-51)计算:

$$u_c(y) = \sum_{i=1}^{N} \left(\frac{\partial f}{\partial x_i} \right) u(x_i) \qquad (3.4\text{-}51)$$

若灵敏系数为1,则公式(3.4-51)变换为公式(3.4-52):

$$u_c(y) = \sum_{i=1}^{N} u(x_i) \qquad (3.4\text{-}52)$$

💡注:当各输入量间正强相关,相关系数为1时,合成标准不确定度不是各标准不确定度分量的方和根,而是各分量的代数和。

4)各输入量间相关时合成标准不确定度的计算

(1)协方差的估计方法。

①两个输入量的估计值 x_i 与 x_j 的协方差在以下情况下可取为零或忽略不计:

a. x_i 和 x_j 中任意一个量可作为常数处理;

b. 在不同实验室用不同测量设备、不同时间测得的量值;

c. 独立测量的不同量的测量结果。

②用同时观测两个量的方法确定协方差估计值。

a. 设 x_{ik}，x_{jk} 分别是 X_i 及 X_j 的测得值，下标 k 为测量次数（$k=1,2,\cdots,n$），$\bar{x}_i$、$\bar{x}_j$ 分别为第 i 个和第 j 个输入量测得值的算术平均值，两个重复同时观测的输入量 x_i，x_j 的协方差估计值 $u(x_i,x_j)$ 可由公式（3.4-53）确定：

$$u(x_i,x_j)=\frac{1}{n-1}\sum_{i=1}^{n}(x_{ik}-\bar{x}_i)(x_{jk}-\bar{x}_j) \qquad (3.4\text{-}53)$$

例如，一个振荡器的频率可能与环境温度有关，则可以把频率和环境温度作为两个输入量，同时观测每个温度下的频率值，得到一组 t_{ik}，f_{jk} 数据，共观测 n 组。由式（3.4-53）可以计算它们的协方差。如果协方差为零，说明频率与温度无关，如果协方差不为零，就显露出它们间的相关性，由公式（3.4-43）计算合成标准不确定度。

b. 当两个量均因与同一个量有关而相关时，协方差的估计方法：

设 $x_i=F(q)$，$x_j=G(q)$。

其中，q 为使 x_i 与 x_j 相关的变量 Q 的估计值，F、G 分别表示两个量与 q 的测量函数。则 x_i 与 x_j 的协方差按公式（3.4-54）计算：

$$u(x_i,x_j)=\frac{\partial F}{\partial q}\frac{\partial G}{\partial q}u^2(q) \qquad (3.4\text{-}54)$$

如果有多个变量使 x_i 与 x_j 相关，当：

$x_i=F(q_1,q_2,\cdots,q_L)$，$x_j=G(q_1,q_2,\cdots,q_L)$ 时协方差为：

$$u(x_i,x_j)=\sum_{k=1}^{L}\frac{\partial F}{\partial q_k}\frac{\partial G}{\partial q_k}u^2(q_k) \qquad (3.4\text{-}55)$$

注：若在得到两个输入量的估计值 x_i 和 x_j 时，是使用了同一个测量标准、测量仪器或参考数据，或采用了相同的具有相当大不确定度的测量方法，则 x_i 和 x_j 两个量均因与同一个量有关而相关。

（2）相关系数的估计方法。

①根据对 x 和 y 两个量同时测量的 n 组测量数据，相关系数的估计值按公式（3.4-56）计算：

$$r(x,y)=\frac{\sum_{i=1}^{n}(x_i-\bar{X})(y_i-\bar{Y})}{(n-1)s(x)x(y)} \qquad (3.4\text{-}56)$$

式中：$s(x)$、$s(y)$——X 和 Y 的实验标准偏差。

②如果两个输入量的测得值 x_i 和 x_j 相关，x_i 变化 i 会使 x_j 相应变化 j，则 x_i 和 x_j 的相关系数可用公式（3.4-57）近似估计：

$$r(x_i, x_j) \approx \frac{u(x_i)\delta_j}{u(x_j)\delta_i} \tag{3.4-57}$$

式中：$u(x_i)$、$u(x_j)$——x_i 和 x_j 的标准不确定度。

(3) 采用适当方法去除相关性。

①将引起相关的量作为独立的附加输入量加入测量模型。例如，若被测量估计值的测量模型为 $y = f(x_i, x_j)$，在确定被测量 Y 时，用某一温度计来确定输入量 X_i 估计值的温度修正值 x_i，并用同一温度计来确定另一个输入量 X_j 估计值的温度修正值 x_j，这两个温度修正值 x_i 和 x_j 就明显相关了。$x_i = F(T)$，$x_j = G(T)$，也就是说 x_i 和 x_j 都与温度有关。由于用同一个温度计测量，如果该温度计示值偏大，两者的修正值同时受影响，所以 $y = f(x_i, x_j)$ 中两个输入量 x_i 和 x_j 是相关的。然而，只要在测量模型中把温度 T 作为独立的附加输入量，即 $y = f(x_i, x_j, T)$，该附加输入量具有与上述两个量不相关的标准不确定度，则在计算合成标准不确定度时就无须再引入 x_i 与 x_j 的协方差或相关系数了。

②采取有效措施变换输入量。例如，在量块校准中校准值的不确定度分量中包括标准量块的温度 θ_s 及被校量块的温度 θ 两个输入量，即 $L = f(\theta_s, \theta, \cdots)$。由于两个量块处在实验室的同一测量装置上，温度 θ_s 与 θ 是相关的。但只要将 θ 变换成 $\theta = \theta_s + \delta_\theta$，这样就把被校量块与标准量块的温度差 δ_θ 与标准量块的温度 θ_s 作为两个输入量，此时这两个输入量间就不相关了，即 $L = f(\theta_s, \delta_\theta, \cdots)$ 中 θ_s 与 δ_θ 不相关。

5) 合成标准不确定度的有效自由度

(1) 合成标准不确定度 $u_c(y)$ 的自由度称为有效自由度，用符号 ν_{eff} 表示。它表示了评定的 $u_c(y)$ 的可靠程度。ν_{eff} 越大，评定的 $u_c(y)$ 越可靠。

(2) 在以下情况时需要计算有效自由度 ν_{eff}：

①当需要评定 U_p 时，为求得 k_p 而必须计算 $u_c(y)$ 的有效自由度 ν_{eff}。

②当用户为了解所评定的不确定度的可靠程度而提出要求时。

(3) 如果 $u_c(y)$ 是两个或多个估计方差分量 $u_i^2(y) = c_i^2 u^2(x_i)$ 的合成，每个 x_i 是正态分布的输入量 X_i 的估计值时，变量 $(y - Y)/u_c(y)$ 的分布可以用 t 分布近似，此时合成标准不确定度的有效自由度用公式 (3.4-58) 计算：

$$\nu_{\text{eff}} = \frac{u_c^4(y)}{\sum_{i=1}^{N} \frac{u_i^4(y)}{\nu_i}} \tag{3.4-58}$$

且 $\nu_{\text{eff}} \leq \sum_{i=1}^{N} \nu_i$。

当测量模型为 $Y = A(X_1^{P_1} X_2^{P_2} \cdots X_N^{P_N})$ 时，有效自由度可用相对标准不确定度的形式计

算,见公式(3.4-59):

$$\nu_{\text{eff}} = \frac{\left(\dfrac{u_c(y)}{y}\right)^4}{\sum_{i=1}^{N} \dfrac{\left[\dfrac{P_i u(x_i)/x_i}{x_i}\right]^4}{\nu_i}} \tag{3.4-59}$$

实际计算中,得到的有效自由度 ν_{eff} 不一定是整数。如果不是整数,可以采用将 ν_{eff} 数字舍去小数部分取整数。例如,若计算得到 $\nu_{\text{eff}} = 12.85$,则取 $\nu_{\text{eff}} = 12$。

> **例**
>
> 有效自由度计算举例:
> 设 $Y = f(X_1, X_2, X_3) = bX_1 X_2 X_3$,其中 X_1, X_2, X_3 的估计值 x_1, x_2, x_3 分别是 n_1, n_2, n_3 次测量的算术平均值,$n_1 = 10, n_2 = 5, n_3 = 15$。它们的相对标准不确定度分别为:
> $u(x_1)/x_1 = 0.25\%$,$u(x_2)/x_2 = 0.57\%$,$u(x_3)/x_3 = 0.82\%$。在这种情况下:
>
> $$\frac{u_c(y)}{y} = \sqrt{\sum_{i=1}^{N}\left[\frac{P_i u(x_i)}{x_i}\right]^2} = \sqrt{\sum_{i=1}^{N}\left[\frac{u(x_i)}{x_i}\right]^2} = 1.03\%$$
>
> $$\nu_{\text{eff}} = \frac{1.03^4}{\dfrac{0.25^4}{10-1} + \dfrac{0.57^4}{5-1} + \dfrac{0.82^4}{15-1}} = 19.0$$

3.4.8 扩展不确定度的确定

用标准差表示的标准不确定度置信度较低,相当于 1σ,即测量结果在标准不确定度的置信区间内,在正态分布条件下含有真值的概率为 68.27%。在实际工作中,有时需要置信区间包含真值的置信概率比较大,此时的测量不确定度可以用标准偏差的倍数 $k\sigma$ 来表示,这就是扩展不确定度。表明了具有包含概率的区间半宽度。

扩展不确定度通常定义为确定测量结果区间的量,合理赋予被测量之值分布的大部分可望含于此区间。定义中的"合理赋予被测量之值"应理解为在给定的重复观测条件下(重复性条件或复现性条件)的观测结果,也必然是统计控制状态下的观测结果或随机状态下的观测结果,是这些结果中的大部分所处于的一个区间。扩展不确定度表示为合成标准不确定度与一个大于1的数字因子的乘积。这个因子指的是包含因子,它的取值取决于测量模型中输出量的概率分布类型及所选取的包含概率。

从公路计量检测工作的角度来看,不确定度主要可分为校准的不确定度和检测的不确定度两类。这两类不确定度的评定各有侧重,都在公路计量检测中有着一定作用。

校准的不确定度是用计量标准器校准工作计量器具引入的不确定度,也就是工作计量器具示值误差的不确定度。该不确定度由实施校准的机构给出。对于检测机构来讲,关键是要正确地利用校准不确定度的评定结果,正确准确地对计量器具设备进行评价,才能做到对检测设备的相关情况心中有数。检测的不确定度指用工作计量器具(仪器、仪表、装置、量具)确定被测量量值的不确定度,通常指的是重复性引入的不确定度。检测机构可以通过对检测的不确定度评定来对测量结果的可靠性以及符合性等因素进行判断。评定结果的大小范围对于检测机构对最终影响结果的判断会起到很重要的作用。

(1)扩展不确定度是被测量可能值包含区间的半宽度。扩展不确定度分为 U 和 U_p 两种。在给出测量结果时,一般情况下报告扩展不确定度 U。

(2)扩展不确定度 U 由合成标准不确定度 u_c 乘包含因子 k 得到,按公式(3.4-60)计算。

$$U = ku_c \tag{3.4-60}$$

测量结果可用公式(3.4-61)表示:

$$Y = y \pm U \tag{3.4-61}$$

式中,y 是被测量 Y 的估计值,被测量 Y 的可能值以较高的包含概率落在 $[y-U, y+U]$ 区间内,即 $y-U \leqslant Y \leqslant y+U$。被测量的值落在包含区间内的包含概率取决于所取的包含因子 k 的值,k 值一般取 2 或 3。

当 y 和 $u_c(y)$ 所表征的概率分布近似正态分布,且 $u_c(y)$ 的有效自由度较大时,若 $k=2$,则由 $U=2u_c$ 所确定的区间具有的包含概率约为 95%;若 $k=3$,则由 $U=3u_c$ 所确定的区间具有的包含概率约为 99%。

在通常的测量中,一般取 $k=2$。当取其他值时,应说明其来源。当给出扩展不确定度 U 时,一般应注明所取的 k 值。若未注明 k 值,则指 $k=2$。

注: 应当注意,用常数 k 乘以 u_c 并不提供新的信息,仅仅是对不确定度的另一种表示形式。在大多数情况下,由扩展不确定度所给出的包含区间具有的包含概率是相当不确定的,不仅因为对用 y 和 $u_c(y)$ 表征的概率分布了解有限,而且因为 $u_c(y)$ 本身具有不确定度。

(3)当要求扩展不确定度所确定的区间具有接近规定的包含概率 p 时,扩展不确定度用符号 U_p 表示。当 p 为 95% 和 99% 时,分别表示为 U_{95} 和 U_{99}。

U_p 由公式(3.4-62)获得:

$$U_p = k_p u_c \tag{3.4-62}$$

k_p 是包含概率为 p 时的包含因子，由公式(3.4-63)获得：

$$k_p = t_p(\nu_{\text{eff}}) \tag{3.4-63}$$

根据合成标准不确定度 $u_c(y)$ 的有效自由度 ν_{eff} 和需要的包含概率，查"t 分布在不同概率 p 与自由度 ν 时的 $t_p(\nu)$ 值(t 值)表"，得到 $t_p(\nu_{\text{eff}})$ 值，该值即包含概率为 p 时的包含因子 k_p 值。

扩展不确定度 $U_p = k_p u_c(y)$ 提供了一个具有包含概率为 p 的区间 $y \pm U_p$。

在给出 U_p 时，应同时给出有效自由度 ν_{eff}。

(4) 如果可以确定可能值的分布不是正态分布，而是接近其他某种分布，则不应按 $k_p = t_p(\nu_{\text{eff}})$ 计算 U_p。例如，Y 可能值近似为矩形分布，则包含因子 k_p 与 U_p 之间的关系为：对于 U_{95}，$k_p = 1.65$；对于 U_{99}，$k_p = 1.71$；对于 U_{100}，$k_p = 1.73$。

注：在实际应用中，当合成分布接近均匀分布时，为了便于测量结果间的比较，往往约定取 k 为 2。这种情况下给出扩展不确定度 U 时，包含概率远大于 0.95。

3.5 测量不确定度的报告与表示

3.5.1 测量不确定度的报告

(1) 完整的测量结果应报告被测量的估计值及其测量不确定度以及其他有关的信息。报告应尽可能详细，以便使用者可以正确地利用测量结果。只有对某些用途，如果认为测量不确定度可以忽略不计，则测量结果可以表示为单个测得值，不需要报告其测量不确定度。

(2) 通常在报告以下测量结果时，使用合成标准不确定度，必要时给出其有效自由度：

① 基础计量学研究；

② 基本物理常量测量；

③ 复现国际单位制单位的国际比对(根据有关国际规定，亦可能采用 $k = 2$ 的扩展不确定度)。

(3) 除上述规定或有关各方约定采用合成标准不确定度外，通常在报告测量结果时都用扩展不确定度表示。

当涉及工业、商业及健康和安全方面的测量时,如果没有特殊要求,一律报告扩展不确定度 U,一般取 $k=2$。

(4)测量不确定度分析报告一般包括以下内容:

①被测量的测量模型;

②不确定度来源;

③输入量的标准不确定度 $u(x_i)$ 的值及其评定方法和评定过程;

④灵敏系数 $c_i = \dfrac{\partial f}{\partial x_i}$;

⑤输出量的标准不确定度分量 $u_i(y) = |c_i|u(x_i)$,必要时,给出每个分量的自由度 ν_i;

⑥对所有相关的输入量给出其协方差或相关系数;

⑦合成标准不确定度 u_c 及其计算过程,必要时给出有效自由度 ν_{eff};

⑧扩展不确定度 U 或 U_p 及其确定方法;

⑨报告测量结果,包括被测量的估计值及其测量不确定度。

通常测量不确定度分析报告除文字说明外,必要时可将上述主要内容列成表格。

(5)当用合成标准不确定度报告测量结果时,应:

①明确说明被测量 Y 的定义;

②给出被测量 Y 的估计值 y、合成标准不确定度 $u_c(y)$ 及其计量单位,必要时给出有效自由度 ν_{eff};

③必要时也可给出相对标准不确定度。

3.5.2　测量不确定度的表示

(1)合成标准不确定度的报告可用以下形式之一:

例如,标准砝码的质量为 m_s,测量结果为 100.02147g,合成标准不确定度 $u_c(m_s) = 0.35$mg,则报告为:

①$m_s = 100.02147$g;合成标准不确定度 $u_c(m_s) = 0.35$mg;

②$m_s = 100.02147(35)$g;括号内是合成标准不确定度的值,其末位与前面结果内末位数对齐;

③$m_s = 100.02147(0.00035)$g;括号内是合成标准不确定度的值,与前面结果有相同计量单位。

形式②常用于公布常数、常量。

> 注:为了避免与扩展不确定度混淆,JJF 1059.1—2012 对合成标准不确定度的报告,规定不使用 $m_s = (100.02147 \pm 0.00035)\text{g}$ 的形式。

(2)当用扩展不确定度 U 或 U_p 报告测量结果的不确定度时,应:

①明确说明被测量 Y 的定义;

②给出被测量 Y 的估计值 y,扩展不确定度 U 或 U_p 及其单位;

③必要时也可给出相对扩展不确定度 U_{rel};

④对 U 应给出值 k,对 U_p 应给出 p 和 ν_{eff}。

(3) $U = ku_c(y)$ 的报告可用以下种四种形式之一。

例如,标准砝码的质量为 m_s,被测量的估计值为 100.02147g,$u_c(y) = 0.35\text{mg}$,取包含因子 $k = 2$,$U = 2 \times 0.35\text{mg} = 0.70\text{mg}$,则报告为:

① $m_s = 100.02147\text{g}$,$U = 0.70\text{mg}$;$k = 2$;

② $m_s = (100.02147 \pm 0.00070)\text{g}$;$k = 2$;

③ $m_s = 100.02147(70)\text{g}$,括号内为 $k = 2$ 的 U 值,其末位与前面结果内末位数对齐;

④ $m_s = 100.02147(0.00070)\text{g}$,括号内为 $k = 2$ 的 U 值,与前面结果有相同的计量单位。

(4) $U_p = k_p u_c(y)$ 的报告可用以下四种形式之一。

例如:标准砝码的质量为 m_s,被测量的估计值 100.02147g,$u_c(y) = 0.35\text{mg}$,$\nu_{\text{eff}} = 9$,按 $p = 95\%$,查得 $k_p = t_{95}(9) = 2.26$,$U_{95} = 2.26 \times 0.35\text{mg} = 0.79\text{mg}$,则:

① $m_s = 100.02147\text{g}$,$U_{95} = 0.79\text{mg}$;$\nu_{\text{eff}} = 9$;

② $m_s = (100.02147 \pm 0.00079)\text{g}$,$\nu_{\text{eff}} = 9$,括号内第二项为 U_{95} 之值;

③ $m_s = 100.02147(79)\text{g}$,$\nu_{\text{eff}} = 9$,括号内为 U_{95} 之值,其末位与前面结果内末位数对齐;

④ $m_s = 100.02147(0.00079)\text{g}$,$\nu_{\text{eff}} = 9$,括号内为 U_{95} 之值,与前面结果有相同计量单位。

> 注:当给出扩展不确定度时,为了明确起见,推荐以下说明方式:例如,$m_s = (100.02147 \pm 0.00079)$ 中,正负号后的值为扩展不确定度 $U_{95} = k_{95}u_c$。其中,合成标准不确定度 $u_c(m_s) = 0.35\text{g}$,自由度 $\nu = 9$,包含因子 $k_p = t_{95}(9) = 2.26$。

3.5.3 报告不确定度时的其他要求

(1)相对不确定度的表示可以加下标 rel 或 r。例如:相对合成标准不确定度 u_r 或

u_rel,相对扩展不确定度 U_r 或 U_rel。测量结果的相对不确定度 U_rel 或 u_rel 的报告形式举例如下:

① $m_\text{s} = 100.02147(1 \pm 7.9 \times 10^{-6})\text{g}, k = 2$,式中,正负号后的数为 U_rel 的值;

② $m_\text{95rel} = 100.02147\text{g}, U_\text{95rel} = 7.9 \times 10^{-6}, \nu_\text{eff} = 9$。

(2)在用户对合成标准不确定度与扩展不确定度等术语还不太熟悉的情况下,在技术报告或科技文章中报告测量结果的不确定度时必要时可作如下说明:"合成标准不确定度(标准差)u_c""扩展不确定度(二倍标准差估计值)U"。

(3)测量不确定度表述和评定时应采用规定的符号。

(4)不确定度单独用数值表示时,不要加"±"号。例如:$u_\text{c} = 0.1\text{mm}$ 或 $U = 0.2\text{mm}$,不应写成 $u_\text{c} = \pm 0.1\text{mm}$ 或 $U = \pm 0.2\text{mm}$。

(5)在给出合成标准不确定度时,不必说明包含因子 k 或包含概率 p。例如:写成 $u_\text{c} = 0.1\text{mm}(k=1)$ 是不对的,括号内关于 k 的说明是不需要的,因为合成标准不确定度 u_c 是标准偏差,它是一个表明分散性的参数。

(6)扩展不确定度 U 取 $k = 2$ 或 $k = 3$ 时,不必说明 p。

(7)不带形容词的"不确定度"或"测量不确定度"用于一般概念性的叙述,当定量表示某一被测量估计值的不确定度时,要明确说明是"合成标准不确定度"还是"扩展不确定度"。

(8)估计值 y 的数值和它的合成标准不确定度 $u_\text{c}(y)$ 或扩展不确定度 U 的数值都不应该给出过多的位数。

①通常最终报告的 $u_\text{c}(y)$ 和 U 根据需要取一位或两位有效数字。

注:$u_\text{c}(y)$ 或 U 的有效数字的首位为 1 或 2 时,一般应给出两位有效数字。对于评定过程中的各标准不确定度分量 $u(x_i)$ 或 $u_i(y)$,为了在连续计算中避免修约误差导致不确定度,可以适当保留多一些位数。

②当计算得到 $u_\text{c}(y)$ 和 U 有过多位的数字时,一般采用常规修约规则将数据修约到需要的有效数字。修约规则参见《数值修约规则与极限数值的表示和判定》(GB/T 8170—2008)。有时也可以将不确定度最末位后面的数都进位而不是舍去。例如:$U = 28.05\text{kHz}$,需取两位有效数字,按常规修约规则修约后写成 28kHz。

③通常,在相同计量单位下,被测量的估计值应修约到其末位与不确定度的末位一致。例如:如果 $y = 10.05762\Omega$,其 $U = 27\text{m}\Omega$。报告时由于 $U = 0.027\Omega$,则 y 应修约到 10.058Ω。

3.6 公路工程试验检测结果的不确定度评定

3.6.1 不确定度来源的分析

公路工程试验检测具有检测条件复杂(例如检测现场温差大、实验室条件简陋等)，需要的控制参数太多(例如需要在力、位移、时间、温度、质量等多参数组合均得到控制的条件下进行检测等)，受操作人员技术水平的影响大，选择抽样对结果的影响较大，数据处理整理复杂等特点。对于公路工程试验检测工作来说，试验检测方法、人员的操作水平、仪器设备的稳定性和准确性、抽样的代表性以及数据处理评价的合理性等都是影响实验室技术能力的因素。各个行业都有其专用的仪器和设备，不同行业都有着各自不同的特点。公路工程试验检测工作具有很强的专业性，因此测量不确定度在公路工程试验检测专业中的应用也有着其独有的特点。

(1)检测对象的定义不完善。

对检测对象的定义不完善，也就是说，对被测量的定义没有清楚的阐述。

例如，美国试验与材料协会(ASTM)给出了平整度的定义，表述为"平整度是路面表面相对于理想平面的竖向偏差。"这里的"理想平面"是一个模糊的概念。

(2)对检测条件的规定与实际情况有差别。

即使对检测条件有明确的规定，实际的测量条件不可能完全满足所规定的测量条件，因此对规定测量条件的偏离将会引入测量不确定度。

例如，单轮式横向力摩擦系数测试系统测试路面摩擦系数时，规定测试系统的标准现场测试地面温度范围为 20℃ ±5℃，其他地面温度条件下测试的横向力摩擦系数值(SFC 值)必须转换至标准温度下的等效 SFC 值。

(3)被检对象的代表性。

公路工程试验检测工作中往往不是全样品检测，大多是抽样检测，由于所检测样品的性能不能代表总体样品的性能，因此，若需要将由个别样品得到的检测结果用于总体样品时，就必须考虑所检测的样品和总体样品之间所引入的不确定度。

(4)试验检测仪器设备引入的不确定度。

学者刘磊曾在《公路工程检测仪器进行测量不确定度评定方法初探》中指出，采用公路工程专用检测仪器进行试验所获得的检测结果溯源性的确认，与我国计量技术领域中对通用计量器具进行试验所获得的检测结果溯源性的确认是完全不相同的，它具有公路工程专业检测方面的技术独特性。

随着自动化与智能化仪器设备在公路工程试验检测工作中的广泛应用,人工等因素对试验检测结果的影响逐渐降低。公路工程试验检测仪器设备成为开展试验检测工作最为重要的资源,仪器设备的稳定、准确、可靠是保证试验检测工作质量、获取可靠数据的基础,也是为保证检测能力提供的一种客观条件,是极不易人为改变的。通过对公路工程试验检测仪器的定期检定、校准、使用期间核查等方式确保试验仪器设备具有正常使用状态,是公路工程专业必不可少的工作。如何确保检测仪器的准确、可靠是保证公路工程试验检测工作正常开展的关键环节。对于公路工程试验检测工作来说,虽然相比试验检测仪器的校准不确定度评定要求相对宽松一些,但对公路工程试验检测实验室——被校准试验检测仪器的使用者来讲,如何使用校准结果的不确定度,以及如何处理其对检测结果的影响,是必须首先搞清楚的问题。

①测量仪器的分辨力。

任何测量仪器,无论是模拟式仪表或数字式仪表,其分辨力都是有限的。由于测量仪器的有限分辨力,会在测量结果中引入不确定度。

②标尺的刻度误差。

测量仪器的标尺会存在刻度误差,因此测量仪器的示值误差对测量结果有影响。如果已知仪器的示值误差而对测量结果进行修正,则必须考虑修正值的不确定度。

③测量仪器的计量特性或性能的变化或漂移。

由于校准给出的结果是测量仪器在校准时的计量特性,而不考虑被校准仪器在校准之后其计量性能可能产生的漂移,因此校准结果的测量不确定度评定一般不考虑被校准对象在校准以后可能产生的漂移,于是检测所用的测量仪器自最近一次校准以来,其特性或性能的变化或漂移也是可能的不确定度来源。

(5)引入的常数或其他参数不准确。

在计算测量结果时所用的常数值、修正值或其他参数值都会存在误差,这将使测量结果中包含与此有关的不确定度分量。例如,在通过测量圆周的直径计算圆周的周长或面积时需要用到圆周率 π,因此所采用的 π 数值的误差将会引入不确定度分量。

(6)测量方法或程序中所做的各种近似和假设。

测量方法或程序中所做的各种近似和假设将会影响到测量结果,从而引入与此有关的测量不确定度分量。

(7)对模式仪器读数时的判读误差。

测量人员的读数和操作习惯也会引入与测量人员有关的不确定度。

(8)测量的重复性。

即使在相同的测量条件下,多次重复观测的检测结果一般也是不同的。它们通常是由测量过程中的各种随机效应引起的。

3.6.2 测量模型的建立

在 GUM 原文中,有如下一段话:"Express mathematically the relationship between the measurand Y and the input quantities X_i on which Y depends: $Y = f(X_1, X_2 \cdots X_n)$. The function f should contain every quantity, including all corrections and correction factors, that can contribute a significant component of uncertainty to the result of the measurement."其意为:在进行测量不确定度评定时,要给出被测量 Y 和各输入量 X_i 之间函数关系的数学表示式,并且该函数中应包含所有对测量结果的不确定度有显著影响的影响量,包括所有的修正值和修正因子。

测量模型应包含全部对测量结果的不确定度有显著影响的影响量,包括修正值以及修正因子。原则上它既能用来计算测量结果,又能用来全面地评定测量结果的不确定度。在许多情况下,用来计算测量结果的公式是一个近似式,因此,一般不要把测量模型简单地理解为计算测量结果的公式,也不要理解为测量的基本原理公式。在许多情况下它们经常是有区别的。

在不确定度评定中,能否建立一个合适的测量模型是测量不确定度评定合理与否的关键所在。建立测量模型应和寻找各影响测量不确定度的来源同步反复进行。一个好的测量模型应能满足下述条件:

(1)测量模型应包含对测量不确定度有显著影响的全部输入量,即不遗漏任何对测量结果有显著影响的不确定度分量。

(2)不重复计算任何一项对测量结果的不确定度有显著影响的不确定度分量。

(3)当选取的输入量不同时,有时测量模型可以写成不同的形式,各输入量之间的相关性也可能不同。此时一般应选择合适的输入量,以避免处理较麻烦的相关性。

一般先根据测量原理设法从理论上导出初步的测量模型,然后再将初步模型中未能包含的并且对测量不确定度有显著影响的输入量进行一一补充,使测量模型逐步完善。

如果所给出的测量结果是经过修正后的结果,则应考虑由于修正值的不可靠所引入的不确定度分量,即修正值的不确定度。测量结果可用下式表示:

测量结果 = 参考量值 + 误差 = 参考量值 + 系统误差 + 随机误差

由于修正值和系统误差的大小相等而符号相反,于是上式可改写为:

参考量值 = 测量结果 − 系统误差 − 随机误差

= 测量结果 + 系统误差的修正值 + 随机误差的修正值

同样也可以采用修正因子的方式,即:

参考量值 = 测量结果 × 修正因子

尽量保证测量模型的模式要么是加减运算,要么是乘除运算。

3.6.3　不确定度分量的忽略原则

如果重复观测的若干结果中,末位存在明显的差异,很明显,由此按贝塞尔公式计算出的实验标准差 s 中,已包含了分辨力导致的分散性。但如果末位无明显变化,甚至相同,则 $s=0$ 或甚小,则其中未包含分辨力 δ_x 导致的分散性,这时 $0.29\delta_x$ 必须作为一个分量进入 u_c,通常 s 与 $0.29\delta_x$ 哪一个大取哪一个。

在各输入量相互独立的情况下,一切不确定度分量均贡献于合成标准不确定度,只会使合成标准不确定度增加。忽略任何一个分量都会导致合成标准不确定度变小。但由于采用的是方差相加得到合成方差,当某些分量小到一定程度后,对合成标准不确定度实际上起不到什么作用,为简化分析与计算,可以忽略不计。例如,忽略掉一些分量后使合成标准不确定度的减少不到 1/10 即可,对于比较重要的测量可控制到 1/20。这也可以称作微小不确定度准则。

3.6.4　相关性的简化处理

输入量之间的相关系数 r 一般只取 −1、0、+1 三个值。

除非有明确的理由表明两输入量之间存在强相关,否则均按不相关处理,即取相关系数 $r=0$。

若有明确的理由表明两输入量之间存在强相关,则视其正相关或负相关而取相关系数 $r=1$ 或 −1。

对于存在强相关的各测量不确定度分量,合成时采用线性相加(当相关系数 $r=-1$ 时,则为相减)。对于不相关的各测量不确定度分量,合成时采用方差(即标准不确定度的平方)相加。

若有部分不确定度分量相关,则先将相关的不确定度分量采用线性相加的方法进行合成,然后再与其他不相关的分量采用方差相加的方法进行合成。

一般情况下,可以采取改变测量原理、测量方法、测量仪器等手段尽可能使其不相关。

3.6.5 自由度

只有输出量估计值的分布接近正态分布时才评估自由度。

(1) 由数据修约和仪表分辨力产生的不确定度,其自由度可估计为 50。

(2) 按校准证书、检定证书以及测量仪器最大允许误差所评定出的标准不确定度应是较为可信的,其自由度可估计为 50 或稍小些。

(3) 来源不十分可靠时,可估计为 12 或更小。

对于检测结果的扩展不确定度 U,可用 $k=2$ 的扩展不确定度表示。因此,公路工程试验检测结果的不确定评定中可不必估计其自由度。

3.6.6 合格评定在公路工程试验检测中的应用

合格与否的判定是一个看似简单,其实并不容易的任务。在没有考虑到测量结果存在不确定度的情况,只要测量结果位于规范区内,就判为合格,反之就不合格。如果考虑到测量结果存在不确定度,并且一旦测量结果位于规范限附近的区域内时,就可能处于既无法判定其合格,又无法判定其不合格的两难境地。而这一区域的大小直接与测量结果的扩展不确定度有关。在单侧或双侧规范限两侧,其半宽为扩展不确定度 U 的区域,通常称为"不确定区"。当测量结果位于不确定区内时,无法较有把握地做出合格或不合格的判定。因此,工件或测量仪器的合格或不合格的判据实际上将与测量不确定度有关。

合格区和不合格区的大小与估计的测量结果的扩展不确定度 U 有关, $U=ku_c$。包含因子 k 的缺省值为 2。如果有必要的话,也可以根据用户和供方的协议选用不同数值的包含因子,或采用 U_{95}。

对工件特征量的公差限或测量设备特征量的最大允许误差(MPE)的要求,即用来判定工件或测量仪器是否合格的技术要求称为"规范"。将工件特征量的公差限或测量设备特征量的最大允许误差称为"规范限"。规范可以有单侧规范和双侧规范两类。对于双侧规范,则分别将工件特征量公差限或测量设备特征量最大允许误差的允许值上界和下界分别称为"上规范限"(USL)和"下规范限"(LSL)。以双侧限为例,见图 3.6-1。

对于双侧规范,由于测量不确定度的存在,得到 4 个区间,1 为规范区间,2 为合格区间,3 为不确定区间,4 为不合格区间。从而得出如下规则:

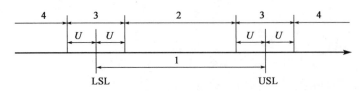

图 3.6-1　双侧限合格判定图

(1)按规范检验合格的规则。

当测量结果 y 位于被扩展不确定度缩小的工件特征量的公差区或测量设备特征量的最大允许误差内(图 3.6-1 中的 2 区)时,则表明检验合格。即满足:

$$LSL + U < y < USL - U$$

(2)按规范检验不合格的规则。

当测量结果 y 位于被扩展不确定度扩大了的工件特征量的公差区或测量设备特征量的最大允许误差外(图 3.6-1 中的 4 区)时,则表明检验不合格。即满足:

$$y < LSL - U \text{ 或 } y > USL + U$$

(3)不确定区。

当测量结果 y 位于"上规范限"(USL)和"下规范限"(LSL)左右一倍的扩展不确定度区域(图 3.6-1 中的 3 区)时,则无法判定合格还是不合格。即满足:

$$LSL - U < y < LSL + U \text{ 或 } USL - U < y < USL + U$$

这 4 个区间我们最关心的是 2、3 区间,而这两个区间的大小是由测量的扩展不确定度 U 决定的,扩展不确定度 U 增大,则合格区变小,不确定区变大,当扩展不确定度 U 大于等于 $(USL - LSL)/2$ 时,已没有了合格区,此时将不能判定产品是合格的,只能判定产品可能合格和不合格。

为了获得更大的合格区,即有更多的可能判定产品是合格的,此时就要减小测量的扩展不确定度 U,以减小不确定区,当 U 趋于零(理想情况)时,已没有了不确定区,此时可肯定地判定产品是合格还是不合格。

测量不确定度总是存在的,它的减小是要付出代价的。多次的重复测量可以减小部分随机效应产生的不确定度,但需要付出更多的劳动,提高测量设备的准确度可以减小不确定度,但需要更多的投资。因此,对于某特定的测量,对测量不确定度的要求应该是适当的,从而使误判带来的风险与投资相适应。

仪器设备引入的不确定度分量检测结果是不确定度评定的主要来源。合格判定在检测机构中主要用于检测仪器设备校准证书的确认。对测量仪器特性进行符合性评定时,若评定示值误差的不确定度满足下面要求,则可不考虑示值误差评定的测量不确定度的影响。

（1）评定示值误差的不确定度 U_{95} 与被评定测量仪器的最大允许误差的绝对值 MPEV 之比，应小于或等于 1∶3，即：

$$U_{95} \leqslant \frac{1}{3}\text{MPEV}$$

①合格判据：被评定测量仪器的示值误差 Δ 在其最大允许误差限内时，即 $\Delta \leqslant$ MPEV 时，可判为合格。

②不合格判据：被评定测量仪器的示值误差超出其最大允许误差时，即 $\Delta >$ MPEV 时，可判为不合格。

（2）评定示值误差的不确定度 U_{95} 与被评定测量仪器的最大允许误差的绝对值 MPEV 之比，应大于 1∶3，即：

$$U_{95} > \frac{1}{3}\text{MPEV}$$

①合格判据：被评定测量仪器的示值误差 Δ 的绝对值小于或等于其最大允许误差的绝对值 MPEV 与示值误差的扩展不确定度 U_{95} 之差时，即 $|\Delta| \leqslant$ MPEV $- U_{95}$，可判为合格。

②不合格判据：被评定测量仪器的示值误差 Δ 的绝对值大于或等于其最大允许误差的绝对值 MPEV 与示值误差的扩展不确定度 U_{95} 之和时，即 $|\Delta| \geqslant$ MPEV $+ U_{95}$，可判为不合格。

③待定区：当被评定测量仪器的示值误差既不符合合格判据又不符合不合格判据时，为处于待定区，即 MPEV $- U_{95} < |\Delta| <$ MPEV $+ U_{95}$，这时不能下合格或不合格的结论。

4 公路工程试验检测结果的不确定度评定实例

4.1 水泥抗折强度检测结果的不确定度评定

水泥强度通常分为抗压强度、抗折强度和抗拉强度3种。水泥胶砂硬化试体承受压缩破坏时的最大应力,称为水泥的抗压强度;水泥胶砂硬化试体承受弯曲破坏时的最大应力,称为水泥的抗折强度;水泥胶砂硬化试体承受拉伸破坏时的最大应力,称为水泥的抗拉强度。抗折强度是指材料单位面积承受弯矩时的极限折断应力,又称抗弯强度、断裂模量,用破坏弯曲力矩与折断处截面阻力矩的比值表示,单位为帕(Pa)。

4.1.1 水泥抗折强度检测方法

(1)按现行《水泥胶砂强度检验方法(ISO法)》(GB/T 17671)规定的设备,以中心加荷法测定抗折强度。

(2)将试体一个侧面放在试验机支撑圆柱上,试体长轴垂直于支撑圆柱,通过加荷圆柱以50N/s±10N/s的速率均匀地将荷载垂直地加在棱柱体相对侧面上,直至折断。

(3)抗折强度 R_f,以牛顿每平方毫米(MPa)表示,按公式(4.1-1)计算:

$$R_f = \frac{1.5 F_f L}{b^3} \quad (4.1\text{-}1)$$

式中:R_f——抗折强度(MPa);

F_f——折断时施加于棱柱体中部的荷载(N);

L——支撑圆柱之间的距离(mm);

b——棱柱体正方形截面的边长(mm)。

4.1.2 试验用主要仪器设备

(1)适宜采用具有加荷速度自动调节方法和具有记录结果装置的压力机(图4.1-1),人工操纵的试验机应配有一个速度动态装置以便控制荷载增加。水泥胶砂强度自动压力试验机应符合现行《水泥胶砂强度自动压力试验机》(JC/T 960)的规定。

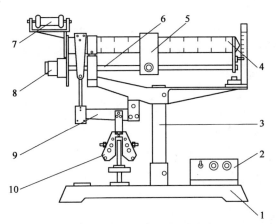
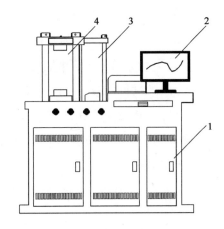

a)游铊式抗折试验机结构示意图

1-底座;2-电器控制箱;3-机架;4-主杠杆;
5-游铊;6-传动丝杠;7-平衡锤;8-可逆电机;
9-下杠杆;10-抗折夹具

b)抗折抗压试验机结构示意图

1-控制系统;2-采集与显示系统;3-抗折系统;4-抗压系统

图 4.1-1　水泥电动抗折试验机结构示意图

(2)试验机的最大荷载以 200~300kN 为佳,可以有 2 个以上的荷载范围,其中,最低荷载范围的最高值大致为最高范围里最大值的 1/5。

4.1.3　检测结果的不确定度评定

(1)测量原理。

现场测试根据所用到的试验机使用说明以及现行《水泥胶砂强度检验方法(ISO法)》(GB/T 17671)中的抗折强度测定方法进行操作和测试。取 3 块试件抗折强度测定值的算术平均值,结果精确至 0.1MPa。当 3 个强度值中有超过平均值 ±10% 的值时,应剔除后再平均,以平均值作为抗折强度试验结果。

(2)测量模型。

$$M_\mathrm{f} = \frac{1.5 \times (F_\mathrm{f} \cdot \Delta F_\mathrm{f}) \times (L \cdot \Delta L)}{(b \cdot \Delta b)^3} \qquad (4.1\text{-}2)$$

式中:M_f——28d 抗折强度(MPa);

F_f——折断时施加于试块棱柱体中部的荷载(N);

L——试验机支撑圆柱之间的距离(mm),取 100mm;

b——试块棱柱体正方形截面的边长(mm),取 40mm;

ΔF_f——折断时施加于试块棱柱体中部的荷载引起的修正因子(1.0%)(N);

ΔL——试验机支撑圆柱之间的距离引起的修正因子,准确至 0.1mm;

Δb——试块棱柱体正方形截面的边长引起的修正因子,准确至 0.1mm。

(3)评定不确定度分量。

①由测量重复性引入抗折强度测量的不确定度 u_{r1}。

试件 28d 的 10 次抗折强度为:9.6MPa、9.8MPa、9.9MPa、9.5MPa、9.6MPa、9.3MPa、9.8MPa、9.7MPa、9.4MPa、9.5MPa。

采用贝塞尔公式计算标准差 s 为 0.19MPa,平均值 $\bar{x}$ 为 9.6MPa。

取 $k=\sqrt{3}$,则其引起的相对不确定度分量为:

$$u_1 = \frac{s}{k} = \frac{0.19}{\sqrt{3}} = 0.11(\text{MPa})$$

$$u_{r1} = \frac{u_1}{\bar{x}} = \frac{0.11}{9.6} \times 100\% = 1.15\%$$

②由折断时施加于试块棱柱体中部的荷载引起的不确定度 u_{r2}。

假设折断时施加于试块棱柱体中部的荷载示值误差为 ±1%,假设被测量值在区间内的概率分布为均匀分布,取 $k=\sqrt{3}$,故其引起的相对不确定度分量为:

$$u_{r2} = \frac{\Delta F_f}{k} = \frac{1.0\%}{\sqrt{3}} = 0.58\%$$

③由试块棱柱体正方形截面的边长测量误差引起不确定度 u_{r3}。

试块棱柱体正方形截面的边长引入的误差为 ±0.1mm,假设被测量值在区间内的概率分布为均匀分布,取 $k=\sqrt{3}$,故其引起的相对不确定度分量为:

$$u_{r3} = \frac{\Delta b}{k \times b} = \frac{0.1}{\sqrt{3} \times 40} \times 100\% = 0.14\%$$

④由试验机支撑圆柱之间的距离误差引入的不确定度 u_{r4}。

试验机支撑圆柱之间的距离引入的误差为 ±1.0mm,假设被测量值在区间内的概率分布为均匀分布,取 $k=\sqrt{3}$,故其引起的相对不确定度分量为:

$$u_{r4} = \frac{\Delta L}{k \times L} = \frac{1.0}{\sqrt{3} \times 100} \times 100\% = 0.06\%$$

(4)计算合成不确定度。

各不确定度分量间相互独立且不相关,计算合成不确定度。

$$u_{rc} = \sqrt{(u_{r1})^2 + (u_{r2})^2 + (u_{r3})^2 + (u_{r4})^2}$$

$$= \sqrt{(1.15\%)^2 + (0.58\%)^2 + (0.14\%)^2 + (0.06\%)^2} = 1.3\%$$

(5)确定度扩展不确定度。

取包含因子 $k=2$,则水泥抗折强度检测结果的扩展不确定度为:

$$U_r = k \times u_{rc} = 2 \times 1.3\% = 2.6\%, k = 2$$

(6)不确定度报告。

$$U = 9.6 \times 1.7\% = 0.16\text{MPa}, k = 2$$

4.2 沥青针入度检测结果的不确定度评定

沥青针入度是沥青主要的质量指标之一,是表示沥青软硬程度和稠度、抵抗剪切破坏的能力,反映在一定条件下沥青的相对黏度的指标。针入度指数 PI 是用以描述沥青的温度敏感性的指标,针入度指数 PI 越大,沥青的温度敏感性越小。沥青针入度仪是测量沥青物理特性指标的仪器,它采用符合规定形状、尺寸及质量的标准针,使针尖与规定温度条件下的被测沥青材料表面接触,在与周围支撑无明显摩擦的状态下,靠自重压入沥青。根据标准针在规定的时间内压入被测沥青材料的深度,获得沥青的针入度指数,针入度指数代表 0.1mm 的压入深度。

4.2.1 沥青针入度检测方法

根据《公路工程沥青及沥青混合料试验规程》(JTG E20—2011)进行相关准备工作。沥青针入度试验方法如下:

(1)取出达到恒温的盛样皿,并移入水温控制在试验温度 ±0.1℃(可用恒温水槽中的水)的平底玻璃皿中的三角支架上,试样表面以上的水层深度不小于 10mm。

(2)将盛有试样的平底玻璃皿置于针入度仪的平台上。慢慢放下针连杆,用适当位置的反光镜或灯光反射观察,使针尖恰好与试样表面接触,将位移计或刻度盘指针复位为零。

(3)开始试验,按下释放键,这时计时与标准针落下贯入试样同时开始,至 5s 时自动停止。

(4)读取位移计或刻度盘指针的读数,准确至 0.1mm。

(5)同一试样平行试验至少 3 次,各测试点之间及与盛样皿边缘的距离不应小于 10mm。每次试验后应将盛有盛样皿的平底玻璃皿放入恒温水槽,使平底玻璃皿中水温保持试验温度。每次试验应换一根干净标准针,或将标准针取下用蘸有三氯乙烯溶剂的棉花或布揩净,再用干棉花或布擦干。

(6)测定针入度大于200的沥青试样时,至少用3支标准针,每次试验后将针留在试样中,直至3次平行试验完成后,才能将标准针取出。

(7)测定针入度指数PI时,按同样的方法在15℃、25℃、30℃(或5℃)3个或3个以上(必要时增加10℃、20℃等)温度条件下分别测定沥青的针入度,但用于仲裁试验的温度条件应为5个。

4.2.2 试验用主要仪器设备

(1)沥青针入度试验仪:能使针连杆在无明显摩擦状态下垂直运动,并能指示穿入深度精确到0.1mm。沥青针入度试验仪分为手动式和自动式两种,主要由针入度仪和标准针组成。手动式针入度试验仪包括标准针夹持测量装置、支架、水浴缸、试样皿、砝码等,其结构示意如图4.2-1所示。自动式针入度试验仪包括标准针夹持测量装置、水浴缸、控制器、试样皿、支架等,其结构示意如图4.2-2所示。标准针夹持测量装置由底座、立柱、悬臂支架、针连杆、砝码和示值系统组成。

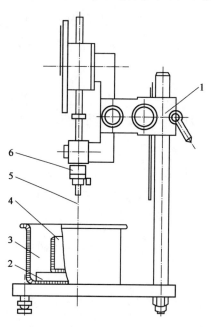

图4.2-1 手动式针入度试验仪结构示意图
1-标准针夹持测量装置;2-支架;3-水浴缸;
4-试样皿;5-标准针;6-砝码

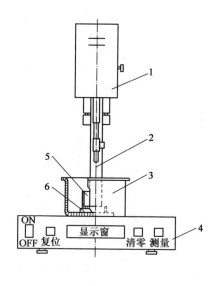

图4.2-2 自动式针入度试验仪结构示意图
1-标准针夹持测量装置;2-标准针;3-水浴缸;4-控制器;5-试样皿;6-支架

沥青针入度试验仪的工作原理为：采用特定形状、尺寸及质量的标准针，使针尖与恒定温度的被测沥青材料表面零接触后，在无明显摩擦状态下，沿着一条垂直轨迹自由落下，在规定的时间内，测量贯入被测沥青试样的深度，从而获得沥青的针入度。

(2)标准针：针长约50mm，长针长约60mm，所有针的直径为1.0~1.02mm，针的一端应磨成8.7°~9.7°的锥形。

(3)盛样皿：小盛样皿的内径55mm，深35mm（适用于针入度小于200的试样）；大盛样皿内径70mm，深45mm（适用于针入度为200~350的试样）；对针入度大于350的试样，需适用特殊盛样皿，其深度不小于60mm，容积不小于125mL。

(4)恒温水浴：容量不小于10L，能保持温度在试验温度下控制在±0.1℃范围内的水浴。

(5)平底玻璃皿：容量不小于350mL，深度没过最大的样品皿。

(6)计时器：刻度为0.1s或小于0.1s，60s内的准确度达到±0.1s的计时装置。

(7)温度计：刻度范围为-8~55℃，分度值为0.1℃。

4.2.3 检测结果的不确定度评定

(1)测量原理。

采用符合《沥青针入度试验仪检定规程》[JJG(交通)067—2020]要求的沥青针入度试验仪进行试验，标准针沉入恒温(25℃)的标准沥青试样中，下沉时间为5s，检测标准针沉入沥青的针入度值，一个针入度值对应0.1mm。重复测量3次，取算术平均值作为沥青的针入度值。

(2)测量模型。

沥青针入度值不确定度评定的测量模型为：

$$y = f(t, T) \tag{4.2-1}$$

式中：y——沥青试样的针入度值(0.1mm)；

t——试验时间(s)；

T——样品温度(℃)；

f——针入度与样品性质、试验时间、样品温度等的关系，无法定量。

(3)评定不确定度分量。

①由测量重复性引入沥青针入度测量的不确定度分量 u_{r1}。

在同一试验环境下，短时间内完成沥青针入度的重复性试验，完成6组试验，每组进行3次检测，检测结果见表4.2-1。

25℃下针入度试验结果 表4.2-1

试验组号	针入度(0.1mm)				
	第1次	第2次	第3次	平均值	实验标准差
1	45.2	45.7	44.9	45.27	0.47
2	45.6	45.1	45.6	45.43	0.30
3	45.9	45.1	45.3	45.43	0.47
4	45.2	46.0	45.0	45.40	0.59
5	44.7	45.1	44.9	44.90	0.24
6	45.5	45.2	46.2	45.63	0.59

计算各组试验的平均值：

$$\bar{x} = \frac{45.27 + 45.43 + 45.43 + 45.40 + 44.90 + 45.63}{6} = 45.34\ (0.1\mathrm{mm})$$

采用极差法，按照公式 $s(x_R) = \dfrac{R}{C}$，计算各组试验的标准差，取极差系数 $C = 1.69$。

计算6组试验的平均值，得到试验重复性标准差为：

$$s = \sqrt{\frac{0.47^2 + 0.30^2 + 0.47^2 + 0.59^2 + 0.24^2 + 0.59^2}{6}} = 0.46(0.1\mathrm{mm})$$

$$u_1 = s/\sqrt{3} = 0.46/1.732 = 0.27(0.1\mathrm{mm})$$

$$u_{r1} = \frac{u_1}{\bar{x}} = \frac{0.27}{45.34} \times 100\% = 0.58\%$$

②由沥青针入度仪引入的不确定度分量 u_{r2}。

根据《沥青针入度试验仪检定规程》[JJG(交通)067—2020]，针入度值最大允许误差为 ±0.1mm。计算示值误差的区间半宽度 $a = 0.1\mathrm{mm}$，假设被测量值在区间内的概率分布为均匀分布，取 $k = \sqrt{3}$。计算由沥青针入度仪引入的不确定度分量为：

$$u_2 = \frac{a}{k} = \frac{0.1}{\sqrt{3}} = 0.058(\mathrm{mm}) = 0.58(0.1\mathrm{mm})$$

$$u_{r2} = \frac{u_2}{\bar{x}} = \frac{0.58}{45.34} \times 100\% = 1.28\%$$

③由温度监测不准确引入的不确定度分量 u_{r3}。

根据《沥青针入度试验仪检定规程》[JJG(交通)067—2020]，温度的示值误差为 ±0.1℃。计算示值误差的区间半宽度 $a = 0.1℃$，假设被测量值在区间内的概率分布为均匀分布，取 $k = \sqrt{3}$。计算由温度监测不准确引入的不确定度分量为：

$$u_3 = \frac{a}{k} = \frac{0.1}{\sqrt{3}} = 0.058(℃)$$

$$u_{r3} = \frac{u_3}{25} = \frac{0.058}{25} \times 100\% = 0.23\%$$

(4)计算合成不确定度。

各不确定度分量间相互独立且不相关,计算合成不确定度。

$$u_{rc} = \sqrt{u_{r1}^2 + u_{r2}^2 + u_{r3}^2} = \sqrt{0.58\%^2 + 1.28\%^2 + 0.23\%^2} = 1.42\%$$

(5)确定扩展不确定度。

取包含因子 $k = 2$,则沥青针入度检测结果的扩展不确定度为:

$$U_r = 2u_{rc} = 2.8\%$$

$$U = \bar{x} \cdot U_r = 45.34 \times 2.8\% = 1.2(0.1\text{mm})$$

(6)不确定度报告。

$$U = 1.2(0.1\text{mm}), k = 2$$

4.3 沥青软化点检测结果的不确定度评定

沥青软化点是沥青施工质量控制的三大指标之一,是沥青施工质量检测的重要指标。沥青软化点是指沥青试件受热软化而下垂时的温度,反映沥青黏度和高温稳定性,不同沥青有不同的软化点。沥青软化点试验有环球法及克沙氏法,其中环球法测量沥青软化点是最为常用的检测方法。工程用沥青软化点不能太低或太高,否则夏季融化,冬季脆裂且不易施工。

4.3.1 沥青软化点检测方法

根据《公路工程沥青及沥青混合料试验规程》(JTG E20—2011),沥青软化点检测方法如下:

(1)试样软化点在80℃以下者:

①将装有试样的试样环连同试样底板置于装有 5℃ ± 0.5℃ 水的恒温水槽中至少 15min,同时将金属支架、钢球、钢球定位环等亦置于相同水槽中。

②烧杯内注入新煮沸并冷却至 5℃ 的蒸馏水或纯净水,水面略低于立杆上的深度标记。

③从恒温水槽中取出盛有试样的试样环放置于支架中层板的圆孔中,套上定位环;然后将整个环架放入烧杯中,调整水面至深度标记,并保持水温为 5℃ ± 0.5℃。环架上

任何部分不得附有气泡。将 0~100℃ 的温度计由上层板中心孔垂直插入,使端部测温头底部与试样环下面齐平。

④将盛有水和环架的烧杯移至放有石棉网的加热炉具上,然后将钢球放在定位环中间的试样中央,立即开动电磁振荡搅拌器,使水微微振荡,并开始加热,使杯中水温在 3min 内调节至维持每分钟上升 5℃ ±0.5℃。在加热过程中,应记录每分钟上升的温度值,如温度上升速度超出此范围,则试验应重做。

⑤试样受热软化逐渐下坠,至与下层底板表面接触时,立即读取温度,准确至 0.5℃。

(2)试样软化点在 80℃ 以上者:

①将装有试样的试样环连同试样底板置于装有 32℃ ±1℃ 甘油的恒温槽中至少 15min,同时将金属支架、钢球、钢球定位环等亦置于甘油中。

②在烧杯内注入预先加热至 32℃ 的甘油,其液面略低于立杆上的深度标记。

③从恒温槽中取出装有试样的试样环,按上述(1)的方法进行测定,准确至 1℃。

4.3.2 试验用主要仪器设备

(1)沥青软化点试验仪主要分为自动读取式和非自动读取式,名称分别为自动读取式软化点仪和非自动读取式软化点仪,其结构分别见图 4.3-1 和图 4.3-2。

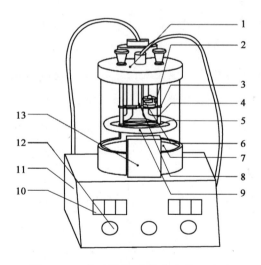

图 4.3-1 自动读取式软化点仪示意图
1-顶盖;2-肩环;3-肩环支撑板;4-支架;5-下支撑板;6-钢球及钢球定位器;7-玻璃烧杯;8-测温装置;9-加热器;10-温度显示窗;11-底座;12-操作按钮;13-自动检测装置

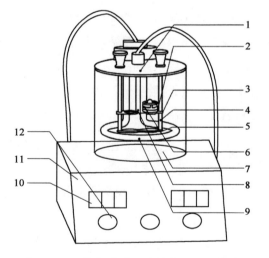

图 4.3-2 非自动读取式软化点仪示意图
1-顶盖;2-肩环;3-肩环支撑板;4-支架;5-下支撑板;6-钢球及钢球定位器;7-玻璃烧杯;8-测温装置;9-加热器;10-温度显示窗;11-底座;12-操作按钮

(2)钢球:直径9.53mm,质量3.5g±0.05g。

(3)试样环:黄铜或不锈钢等制成。

(4)钢球定位环:黄铜或不锈钢制成。

(5)金属支架:由两个主杆和三层平行的金属板组成。

(6)耐热玻璃烧杯:容量800~1000mL,直径不小于86mm,高不小于120mm。

(7)温度计:量程0~100℃,分度值0.5℃。

(8)装有温度调节器的电炉或其他加热炉具。

(9)试验底板:金属板或玻璃板。

(10)恒温水槽:控温准确度为±0.5℃。

(11)平直刮刀。

(12)甘油、滑石粉隔离剂(甘油与滑石粉的质量比为2:1)。

4.3.3 检测结果的不确定度评定

(1)概述。

根据《公路工程沥青及沥青混合料试验规程》(JTG E20—2011)的测试方法对沥青软化点进行测试。沥青软化点试验是将沥青试样放在规定尺寸的金属环内,上置规定尺寸和质量的钢球,放于水或甘油中以规定的速率加热,至钢球下沉达到一定高度时测量温度并作为沥青软化点。

(2)测量模型。

采用沥青针入度仪进行测试时,测量模型为:

$$Y = f(X, x, V) \tag{4.3-1}$$

式中:Y——沥青软化点(℃);

X——软化点仪读数值(℃);

x——软化点仪设备误差;

V——升温速率(℃/min)。

(3)评定不确定度分量。

①由温度示值引入的不确定度 u_{r1}。

温度示值的最大允许误差为0.5℃,假设试验温度为60℃,以均匀分布估计,则相对不确定度为:

$$u_{r1} = \frac{0.5}{60 \times \sqrt{3}} \times 100\% = 0.48\%$$

②由钢球直径引入的不确定度 u_{r2}。

钢球直径的最大允许误差为 0.02mm，假设钢球直径为 9.53mm，以正态分布估计，概率 $p=0.99$ 的置信因子 $k=2.576$，则：

$$u_{r2} = \frac{0.02}{2.576 \times 9.53} \times 100\% = 0.08\%$$

③由升温速率引入的不确定度 u_{r3}。

升温速度的最大允许误差为 0.5℃/min，假设升温速度为 5℃/min，以正态分布估计，概率 $p=0.99$ 的置信因子 $k=2.576$，则：

$$u_{r3} = \frac{0.5}{2.576 \times 5} \times 100\% = 3.88\%$$

(4) 计算合成不确定度。

各不确定度分量间相互独立且不相关，计算合成不确定度。

$$u_{rc} = \sqrt{u_{r1}^2 + u_{r2}^2 + u_{r3}^2} = 3.91\%$$

(5) 确定扩展不确定度。

取包含因子 $k=2$，则沥青软化点检测结果的扩展不确定度为：

$$U_r = 2 \times u_{rc} = 7.82\%, k=2$$

以软化点温度 $Y=60℃$ 为例，扩展不确定度：

$$U = 60 \times 7.82\% = 4.7(℃), k=2$$

(6) 不确定度报告。

$$U = 4.7(℃), k=2$$

4.4 沥青延度检测结果的不确定度评定

沥青延度同样是沥青施工质量控制的三大指标之一，即沥青的延展度，是评定沥青塑性的重要指标，延度越大表明沥青的塑性越好。延度试验是将沥青做成 8 字形标准试件，根据要求通常采用温度为 25℃、15℃、10℃、5℃，以 50mm/min（当低温时采用 1cm/min）的速度拉伸至断裂时的长度(cm)，即为延度。

4.4.1 沥青延度检测方法

根据《公路工程沥青及沥青混合料试验规程》(JTG E20—2011)，沥青延度检测方法如下：

(1)将保温后的试件连同底板移入延度仪的水槽中,然后将盛有试样的试模自玻璃板或不锈钢板上取下,将试模两端的孔分别套在滑板及槽端固定板的金属柱上,并取下侧模。水面距试件表面应不小于25mm。

(2)开动延度仪,并注意观察试样的延伸情况。此时应注意,在试验过程中,水温应始终保持在试验温度规定范围内,且仪器不得有振动,水面不得有晃动。当水槽采用循环水时,应暂时中断循环,停止水流。在试验中,当发现沥青细丝浮于水面或沉入槽底时,应在水中加入酒精或食盐,调整水的密度至与试样相近后,重新试验。

(3)试件拉断时,读取指针所指标尺上的读数,以 cm 计。在正常情况下,试件延伸时应呈锥尖状,拉断时实际断面接近于零。如不能得到这种结果,则应在报告中注明。

4.4.2 试验用主要仪器设备

(1)延度仪:延度仪主机结构如图 4.4-1 所示。

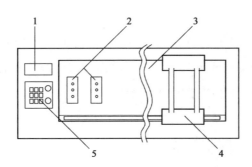

图 4.4-1 延度仪主机结构示意图

1-延度仪示值装置;2-延度仪拉伸装置;3-延度仪水槽;4-自动识别装置及示值反馈系统(仅全自动延度仪具有);5-延度仪自动控温和控速系统

(2)试模及试模底板:试模为黄铜制,由两个端模和两个侧模组成,试模内侧表面粗糙度为 Ra0.2μm。试模底板为玻璃板或磨光的铜板或不锈钢板,表面粗糙度为 Ra0.2μm。试模形状如图 4.4-2 所示。

(3)恒温水槽:容量不小于10L,控制温度准确度为0.1℃。水槽中应设有带孔搁架,搁架距水槽底部不得少于50mm。试件浸入水中深度不小于100mm。

(4)温度计:量程 0~50℃,分度值 0.1℃。

(5)砂浴或其他加热炉具。

(6)甘油、滑石粉隔离剂(甘油与滑石粉的质量比为2:1)。

(7)其他:平刮刀、石棉网、酒精、食盐等。

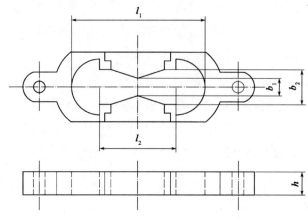

图 4.4-2　试模形状示意图

l_1-试模内腔总长；l_2-内腔两半圆中心间距；b_1-(最小)横断面宽；b_2-端模口宽；h-厚度

4.4.3　检测结果的不确定度评定

(1)测量原理。

根据《公路工程沥青及沥青混合料试验规程》(JTG E20—2011)T 0605—2011 沥青延度试验的测试方法对沥青延度进行测试。将沥青试样按照要求置入试模中,利用延度仪将试样拉伸至断裂,记录指针读数即为延度。

(2)测量模型。

采用沥青延度仪进行测试时,测量模型为：

$$Y = L \tag{4.4-1}$$

式中：Y——沥青延度(cm)；

L——延度仪示值(cm)。

(3)标准不确定度分量的评定。

①由测量重复性引入延度测量的不确定度分量 u_1。

由于沥青延度试验为破坏性试验,此处采用查阅资料的方式进行评定。根据《公路工程沥青及沥青混合料试验规程》(JTG E20—2011)T 0605—2011 沥青延度试验,当试验结果小于 100cm 时,重复性试验的允许误差为平均值的 20%,假设重复性测量均值为 100cm,则测量值的可能取值区间半宽度 $a = 20$ cm。测量过程取 3 次试验平均值作为试验结果,假设为均匀分布,则：

$$u_1 = \frac{a}{k\sqrt{n}} = \frac{20}{\sqrt{3} \times \sqrt{3}} = 6.67 \text{(cm)}$$

②由沥青延度仪引入的不确定度分量 u_2。

根据《沥青延度试验仪检定规程》[JJG（交通）023—2020]，拉伸装置的示值最大允许误差为 0.5mm。则测量值的可能取值区间半宽度 $a = 0.05$cm，假设为均匀分布，则由延度仪装置引入的不确定度为：

$$u_2 = \frac{a}{k} = \frac{0.05}{\sqrt{3}} = 0.03 \text{（cm）}$$

（4）合成不确定度。

各不确定度分量间相互独立且不相关，计算合成不确定度：

$$u_c = \sqrt{u_1^2 + u_2^2} = \sqrt{6.67^2 + 0.03^2} = 6.68 \text{（cm）}$$

（5）扩展不确定度。

取包含因子 $k = 2$，沥青延度测试结果的扩展不确定度为：

$$U = 2 \cdot u_c = 2 \times 6.68 = 13.36 \text{（cm）}$$

（6）不确定度报告。

$$U = 13.36 \text{cm}, k = 2$$

4.5 短脉冲雷达测试路面厚度检测结果的不确定度评定

在路面结构体系中，路面面层厚度是最主要的影响因素之一，对路面结构厚度进行检测能有效确定道路的施工质量，也能够为道路工程后期维护、扩建等工程提供一定意义上的参考。探地雷达作为目前最先进且唯一能进行连续测量的工程物探仪器，通过向介质中发射超高频短脉冲电磁波，实现对路面面层厚度的检测。短脉冲探地雷达工作原理如图 4.5-1 所示。

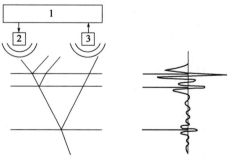

图 4.5-1　短脉冲探地雷达工作原理示意图

1-控制单元；2-发射天线；3-接收天线

4.5.1　短脉冲雷达检测路面厚度方法

根据《公路路基路面现场测试规程》(JTG 3450—2019) T 0913—2019,短脉冲雷达测试路面厚度方法的规定如下:

(1)将承载车停在起点,开启安全警示灯,启动软件测试程序,令驾驶员缓慢加速车辆到正常检测速度。

(2)检测过程中,操作人员应记录测试线路所遇到的桥梁、涵洞、隧道等构造物的起终点。

(3)当测试车辆到达测试终点后,操作人员停止采集程序。

(4)芯样标定:为了准确反算出路面厚度,必须知道路面材料的介电常数,通常采用在路面上钻芯取样的方法以获取路面材料的介电常数。其做法是首先令雷达天线在需要标定芯样点的上方采样,然后钻芯,最后将芯样的真实厚度数据输入到计算程序中,反算出路面材料的介电常数或者雷达波在材料中的传播速度;路面材料的介电常数会随集料类型、沥青产地、密度、湿度等而不同。测试过程中应根据实际情况增加芯样钻取数量,以保证测试厚度的准确性。

(5)操作人员检查数据文件,文件应完整,内容应正常,否则应重新测试。

(6)关闭测试系统电源,结束测试。

4.5.2　试验用主要仪器设备

雷达测试系统由承载车、天线、雷达发射接收器和控制系统组成,如图4.5-2所示。

图4.5-2　雷达测试系统组成图

4.5.3　检测结果的不确定度评定

(1)测量原理。

依据《公路路基路面现场测试规程》(JTG 3450—2019) T 0913—2019 短脉冲雷达测试路面厚度方法进行测试。雷达向地下发射一定强度的高频电磁脉冲波,电磁波在地下传播的过程中遇到不同介电常数的界面时,一部分能量产生反射波,一部分能量继续向地下传播,地质雷达接收并记录这些反射信息。

(2)测量模型。

采用短脉冲雷达对路面厚度进行测量时,示值误差测量模型为:

$$T = T_c + \Delta \tag{4.5-1}$$

式中:T——路面厚度(cm);

T_c——路面厚度测量值(cm);

Δ——测量设备系统误差(cm)。

(3)评定不确定度分量。

①由测量重复性引入短脉冲雷达测值的不确定度分量 u_1。

取同一测点重复三次测量,记录输出的示值,如表4.5-1所示。

短脉冲雷达重复性测量数据(单位:cm)　　　　表4.5-1

测量次数	第1次	第2次	第3次
数值	13	12	12
平均值 $\bar{x}$	12.33		

利用极差法计算不确定度,当 $n=3$ 时,$C=1.69$,则标准不确定度为:

$$u_1 = \frac{13-12}{1.69} = 0.592(\text{cm})$$

②由设备自身引入的不确定度 u_2。

根据《公路断面探伤及结构层厚度探地雷达》[JJG(交通)124—2015],空气耦合天线测量示值误差为 ±3%,故测量值可能区间半宽度为 $a = 0.3699$cm。

$$u_2 = \frac{a}{k} = \frac{0.3699}{\sqrt{3}} = 0.214(\text{cm})$$

(4)计算合成不确定度。

各分量之间不相关,计算合成不确定度:

$$u_c = \sqrt{u_1^2 + u_2^2} = \sqrt{0.592^2 + 0.214^2} = 0.63(\text{cm})$$

(5)确定扩展不确定度。

取 $k=2$,短脉冲雷达路面厚度测试结果的扩展不确定度为:

$$U = 2 \cdot u_c = 2 \times 0.63 = 1.3(\text{cm})$$

(6)不确定度报告。

$$U = 1.3\text{cm}, k = 2$$

4.6 车载式激光平整度仪测试平整度检测结果的不确定度评定

路面平整度指的是路表面纵向的凹凸量的偏差值。路面平整度是路面评价及路面施工验收中的一个重要指标,主要反映的是路面纵断面剖面曲线的平整性。

4.6.1 车载式激光平整度仪检测平整度方法

根据《公路路基路面现场测试规程》(JTG 3450—2019) T 0934—2008,车载式激光平整度仪测试平整度试验方法如下:

(1)测试开始之前让测试车以测试速度行驶 5~10km,按照设备使用说明规定的预热时间对测试系统进行预热。

(2)测试车停在测试起点前 50~100m 处,启动平整度测试系统程序,按照设备操作手册的规定和测试路段的现场技术要求设置完毕所需的测试状态。

(3)驾驶员应按照设备操作手册要求的测试速度范围驾驶测试车,宜在 50~80km/h 之间,避免急加速和急减速,急弯路段应放慢车速,沿正常行车轨迹驶入测试路段。

(4)进入测试路段后,测试人员启动系统的采集和记录程序,在测试过程中必须及时、准确地将测试路段的起终点和其他需要特殊标记的位置输入测试数据记录中。

(5)当测试车辆驶出测试路段后,测试人员停止数据采集和记录,并恢复仪器各部分至初始状态。

(6)检查测试数据文件,文件应完整,内容应正常,否则需要重新测试。

(7)关闭测试系统电源,结束测试。

4.6.2 试验用主要仪器设备

激光平整度仪为应用激光测距及加速度惯性修正技术测量路面纵断面高程并计算路面国际平整度指数(IRI)的设备,主要由激光测距系统、纵向测距传感器和计算机处理系统等组成(结构示意见图 4.6-1),基本技术参数的要求如下:

(1)测试速度:30~100km/h。

(2)采样间隔:≤500mm。

(3)传感器测试精度:1.0mm。

(4)距离标定误差:≤0.05。

(5)系统工作环境温度:0~50℃。

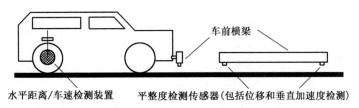

图 4.6-1 激光平整度仪结构示意图

激光平整度仪主控制系统对测试装置的操作实施控制,完成数据采集、传输、存储与计算过程。激光平整度仪工作流程如图 4.6-2 所示。

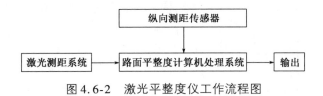

图 4.6-2 激光平整度仪工作流程图

4.6.3 检测结果的不确定度评定

(1)测量原理。

根据《公路路基路面现场测试规程》(JTG 3450—2019) T 0934—2008,采用车载式激光平整度仪测试平整度方法进行测试。测试车以规定速度匀速行驶在被测路段上,通过加速度传感器数据积分算法修正因检测车辆振动对激光测距的误差影响,得到路面高程数据。

(2)测量模型。

采用车载式激光平整度仪对路面的平整度进行测量时,测量模型为:

$$IRI = IRI_0 \qquad (4.6\text{-}1)$$

式中:IRI——路面平整度指数标准值(m/km);

IRI_0——路面平整度指数测量值(m/km)。

(3)评定不确定度分量。

①由测量重复性引入平整度测试的不确定度分量 u_1。

取统一测试段的 10 个测量点,重复三次测量,记录输出的示值,如表 4.6-1 所示。

激光平整度仪示值重复性测量数据(单位:m/km)   表 4.6-1

序号		1	2	3	4	5	6	7	8	9	10
IRI 值	第一组	1.88	1.41	1.43	1.39	1.70	1.56	1.34	1.70	1.58	1.73
	第二组	1.86	1.39	1.42	1.42	1.72	1.57	1.33	1.48	1.55	1.77
	第三组	1.90	1.35	1.52	1.38	1.68	1.58	1.35	1.61	1.45	1.60

续上表

序号	1	2	3	4	5	6	7	8	9	10
每个测点的标准偏差 $s_j(x_i)$	0.02	0.03	0.06	0.02	0.02	0.01	0.01	0.11	0.07	0.09
总平均值 $\bar{x}$	1.56									

依据《公路路基路面现场测试规程》(JTG 3450—2019) T 0934—2008 车载式激光平整度仪测试平整度方法,检测路段无重复测量要求,故通过合并样本标准偏差方法计算得到的单次测量不确定度等于由重复性测量引入的不确定度分量,即:

$$u_1 = \sqrt{\frac{\sum_{j=1}^{m} s_j^2(x_i)}{m}} = \sqrt{\frac{0.03017}{10}} = 0.055(\text{m/km})$$

②由激光平整度仪引入的不确定度 u_2。

根据《车载式路面激光平整度仪检定规程》[JJG(交通)075—2010]规定,按照 II 级检测设备 IRI 测量相对误差不大于 ±15%,则换算为以 1.56 为均值的绝对误差为 ±0.084,因此测量的可能取值区间半宽度 $a = 0.084$。假设均匀分布,则由激光平整度仪设备自身引入的不确定度为:

$$u_2 = \frac{a}{k} = \frac{0.084}{\sqrt{3}} = 0.049(\text{m/km})$$

(4) 计算合成不确定度。

各不确定度分量间相互独立且不相关,计算合成不确定度:

$$u_c = \sqrt{u_1^2 + u_2^2} = \sqrt{0.055^2 + 0.049^2} = 0.0737(\text{m/km})$$

(5) 合成扩展不确定度。

取包含因子 $k = 2$,车载式激光平整度仪测试结果的扩展不确定度为:

$$U = 2 \cdot u_c = 2 \times 0.0737 = 0.15(\text{m/km})$$

(6) 不确定度报告。

$$U = 0.15\text{m/km}, k = 2$$

4.7 贝克曼梁式弯沉仪测试路基路面回弹模量检测结果的不确定度评定

路面弯沉值不仅反映路面各结构层及土基的整体强度和刚度,而且与路面的使用状态存在一定的内在联系。因此在工程竣工前,弯沉值作为一项重要的检测指标,反映了路面的整体强度质量。贝克曼梁法测定路基路面回弹弯沉是路面弯沉常用的检测方法之一,国内外普遍采用回弹弯沉值来表示路基路面的承载能力,回弹弯沉值越大,承载能力越小,反之则越大。贝克曼梁式弯沉仪适用于测量静止加载时或以非常慢的速度加载时的路面弹性弯沉值,并能良好地反映出路面的总体强度。

4.7.1 贝克曼梁式弯沉仪检测路基路面回弹模量方法

依据《公路路基路面现场测试规程》(JTG 3450—2019) T 0951—2008,贝克曼梁测试路基路面回弹弯沉的试验方法如下:

(1)将加载车停放在测试路段的测试位置,后轮一般应置于道路行车轮迹带上。将贝克曼梁插入加载车后轮轮隙处,与加载车行车方向一致,梁臂不得接触轮胎。贝克曼梁测头置于轮隙中心前方30~50mm处测点上。用路表温度计测量并记录测点附近的路表温度。可采用两台贝克曼梁对双侧轮迹同时进行回弹弯沉测试。

(2)将百分表安装在表架上,并将百分表的侧头安放在贝克曼梁的测定杆顶面。轻轻叩击贝克曼梁,确保百分表正常归位。

(3)指挥加载车缓缓前进,速度一般为5km/h左右,百分表示值随路面变形持续增加。当示值最大时,迅速读取初读数L_1。加载车仍继续前进,示值开始反向变化,待加载车驶出弯沉影响范围(约3m以上),百分表示值稳定后,读取终读数L_2。

(4)指挥加载车沿轮迹带前行,驶向下一测试位置,重复(1)~(3)的步骤,完成测试路段的回弹弯沉测试。

4.7.2 试验用主要仪器设备

(1)贝克曼梁:由合金铝制成,上有水准泡,其前臂与后臂长度比为2∶1。贝克曼梁按长度分为5.4m(3.6m+1.8m)梁和3.6m(2.4m+1.2m)梁两种,如图4.7-1所示。长度为5.4m的贝克曼梁适用于各种类型的路面结构回弹弯沉的测试;长度为3.6m的贝克曼梁适用于柔性基层沥青路面回弹弯沉的测试。

(2)加载车:单后轴、单侧双轮组的载重车,双轮轮隙应能满足自由插入贝克曼梁的要求。

(3)百分表及表架。

(4)路表温度计:分辨力不大于1℃。

(5)其他:钢直尺等。

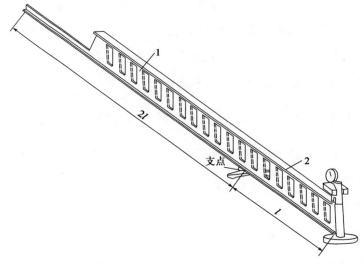

图4.7-1 贝克曼梁结构示意图

1-前臂;2-后臂

4.7.3 检测结果的不确定度评定

(1)测量原理。

依据《公路路基路面现场测试规程》(JTG 3450—2019)T 0951—2008,采用贝克曼梁测试路基路面回弹弯沉的试验方法进行测试。测量车轮中心临近贝克曼梁测头时百分表的最大读数和加载车驶出弯沉影响半径后待百分表稳定后的终读数,计算在沥青面层的回弹弯沉值。

(2)测量模型。

根据贝克曼梁测定路基路面回弹弯沉试验方法,建立如下竖向模型:

$$L_t = (L_1 - L_2) \times 2 + \Delta_1 + \Delta_2 + \Delta_3 + \Delta_4 + \Delta_5 \qquad (4.7\text{-}1)$$

式中:L_t——在路面温度为 t 时的回弹弯沉值(0.01mm);

L_1——车轮中心临近弯沉仪测头时百分表的最大读数(0.01mm);

L_2——汽车驶出弯沉影响半径后待百分表稳定后的终读数(0.01mm);

Δ_1——汽车荷载的影响;

Δ_2——轮胎压力的影响;

Δ_3——采用10-20轮胎双轮间距的影响;

Δ_4——百分表示值误差的影响;

Δ_5——温度变化的影响。

(3)评定不确定度分量。

①由车轮中心临近弯沉仪测头时百分表最大读数的测量重复性引入的不确定度 u_1。

车轮中心临近弯沉仪测头时百分表最大读数标准不确定度来源主要是测量重复性,共测量30个点,每点重复测试3次,取平均值作为该点的读数。以测点桩号 K0+000 为例,测试值如表4.7-1所示。

单次测量值(单位:0.01mm)　　　　　　　　　　　　表 4.7-1

测试次数	第1次	第2次	第3次
测量值	45	41	46
平均值	44		
标准差	2.96		

对于30个测点,每个测点进行3次重复测量,共得到30组测量列,每组测量列分别按上述方法计算得到单次实验标准差,见表4.7-2。

30组实验标准差计算结果(单位:0.01mm)　　　　　表 4.7-2

s_1	2.96	s_{11}	0.59	s_{21}	2.96
s_2	1.78	s_{12}	2.37	s_{22}	1.78
s_3	1.18	s_{13}	3.55	s_{23}	0.59
s_4	2.37	s_{14}	2.96	s_{24}	0.59
s_5	2.96	s_{15}	2.96	s_{25}	2.37
s_6	0.59	s_{16}	0	s_{26}	0.59
s_7	0.59	s_{17}	2.96	s_{27}	3.55
s_8	2.96	s_{18}	2.37	s_{28}	1.18
s_9	2.96	s_{19}	0	s_{29}	1.78
s_{10}	1.78	s_{20}	2.96	s_{30}	1.78

根据《公路路基路面现场测试规程》(JTG 3450—2019)T 0951—2008,实际需要的测量次数为1次,单次测量不确定度等于合并样本标准差,$m=30$,即:

$$u_1 = s_p = \sqrt{\frac{\sum_{i=1}^{m} s_i^2}{m}} = 2.216(0.01\text{mm})$$

②由汽车驶出弯沉影响半径后百分表的终读数测量重复性引入的不确定度 u_2。

同上,以测点桩号 K0+000 为例,标准偏差采用贝塞尔公式计算,测试值如表4.7-3所示。

单次测量值(单位:0.01mm)　　　　　　　　　　　表4.7-3

测量次数	第1次	第2次	第3次
测量值	22	19	23
平均值	21.3		
标准差	2.37		

对于30个测点,每个测点进行3次重复测量,共得到30组测量列,每组测量列分别按上述方法计算得到单次实验标准差,见表4.7-4。

30组实验标准差计算结果(单位:0.01mm)　　　　　表4.7-4

s_1	2.37	s_{11}	0.59	s_{21}	2.37
s_2	1.18	s_{12}	2.37	s_{22}	2.96
s_3	0.59	s_{13}	1.78	s_{23}	1.78
s_4	2.37	s_{14}	2.37	s_{24}	0.59
s_5	2.96	s_{15}	1.78	s_{25}	2.96
s_6	1.18	s_{16}	1.18	s_{26}	1.18
s_7	0.59	s_{17}	2.96	s_{27}	3.55
s_8	2.37	s_{18}	2.37	s_{28}	0.59
s_9	2.96	s_{19}	0.59	s_{29}	1.78
s_{10}	1.78	s_{20}	2.37	s_{30}	1.78

单次测量不确定度等于合并样本标准差,即:

$$u_2 = s_p = \sqrt{\frac{\sum_{i=1}^{m} s_i^2}{m}} = 2.066(0.01\mathrm{mm})$$

③由百分表的系统误差引入不确定度 u_3。

根据《贝克曼梁路面弯沉仪检定规程》[JJG(交通)025—2002]要求,弯沉指示器最大允许误差为±0.01mm,即可能值区间半宽度 $a = 0.01\mathrm{mm}$。假设均匀分布,则其不确定度为:

$$u_3 = \frac{a}{k} = \frac{0.01}{\sqrt{3}} = 0.578(0.01\mathrm{mm})$$

④由汽车荷载偏差引入的不确定度 u_4。

根据相关文献分析荷载大小直接影响测量弯沉的大小,根据试验数据回归分析,当其他条件一定时,测定弯沉值与测定时荷载大小的0.8~0.9次方成正比。取0.9次方,假设关系模型为:

$$|\Delta_1| = |\Delta_L|^{0.9} \tag{4.7-2}$$

式中：Δ_L——单侧双轮荷载最大允许误差(kN)。

根据《公路路基路面现场测试规程》(JTG 3450—2019) T 0951—2008 规定的测试方法，单侧双轮荷载最大允许误差为 ±0.5kN，均匀分布，用 B 类方法进行评定，得标准不确定度为：

$$u_4 = \frac{|\Delta_1|}{k} = \frac{0.5^{0.9}}{\sqrt{3}} = 0.31(0.01\text{mm})$$

⑤由轮胎压力偏差引入的不确定度 u_5。

根据相关文献，当轮胎压力由 0.4MPa 增加到 0.75MPa 时，对于同一结构，相应的弯沉约增加 2%~5%。假设轮胎气压变化与弯沉值变化量百分比在试验的胎压可能取值范围内遵循线性关系，则轮胎压力与弯沉变化量百分比的一次项系数为 8.572。根据《公路路基路面现场测试规程》(JTG 3450—2019) T 0951—2008，轮胎气压需满足 0.7MPa ± 0.05MPa，则弯沉变化百分比的可能取值区间半宽度为 0.429%，故弯沉平均值为 60.9(0.01mm)，均匀分布，用 B 类方法进行评定，得标准不确定度为：

$$u_5 = \frac{60.9 \times 0.429\%}{\sqrt{3}} = 0.151(0.01\text{mm})$$

⑥由轮胎双轮间距引入的不确定度评定 u_6。

本次试验用 10-20 轮胎代替 11-20 轮胎，根据经验可知，由此产生的弯沉值变化量百分比可能取值区间半宽度为 2.5%，弯沉平均值为 60.9(0.01mm)，均匀分布，用 B 类方法进行评定，得标准不确定度为：

$$u_6 = \frac{60.9 \times 2.5\%}{\sqrt{3}} = 0.88(0.01\text{mm})$$

⑦由测试过程中温度变化引入的不确定度评定 u_7。

《公路路基路面现场测试规程》(JTG 3450—2019) T 0951—2008 规定，当沥青面层平均温度在 20℃ ±1℃ 时，温度修正系数 $K = 1$。本次测量在此温度范围内完成，因此 $u_7 = 0$。

(4) 计算合成不确定度。

考虑到测量值 L_1、L_2 采用一块百分表强相关，估计相关系数为 1，其他各参数彼此独立不相关，所以合成标准不确定度可按下式得到：

$$\begin{aligned}
u_c &= \sqrt{(u_1 + u_2)^2 + u_3^2 + u_4^2 + u_5^2 + u_6^2 + u_7^2} \\
&= \sqrt{(2.216 + 2.066)^2 + 0.578^2 + 0.31^2 + 0.151^2 + 0.88^2} = 4.42(0.01\text{mm})
\end{aligned}$$

(5)确定扩展不确定度。

取包含因子$k=2$,贝克曼梁弯沉仪测试结果的扩展不确定度为:
$$U = 2 \cdot u_c = 2 \times 4.42 = 8.8(0.01\text{mm})$$

(6)不确定度报告。
$$U = 8.8(0.01\text{mm}), k = 2$$

4.8 自动弯沉仪测试路面弯沉检测结果的不确定度评定

自动弯沉仪是测定路面弯沉值的高效自动化设备,可对路面进行高密集点的强度测量,适用于路面施工质量控制、验收及路面养护管理。自动弯沉仪的基本工作原理与贝克曼梁的原理是相同的,都是采用简单的杠杆原理。

4.8.1 自动弯沉仪检测路面弯沉方法

依据《公路路基路面现场测试规程》(JTG 3450—2019)T 0952—2008,自动弯沉仪测试路面弯沉方法如下:

(1)测试系统在开始测试前需要通电预热,时间不少于设备操作手册要求,并开启工程警灯和导向标等警告标志。

(2)在测试路段前20m处将测量架放落在路面上,并检查各机构的部件情况。

(3)操作人员按照设备使用手册的规定和测试路段的现场技术要求设置完毕所需的测试状态。

(4)驾驶员缓慢加速承载车到正常测试速度,沿正常行车轨迹驶入测试路段。

(5)操作人员将测试路段起终点、桥涵等特殊位置的桩号输入到记录数据中。

(6)当测试车辆驶出测试路段后,操作人员停止数据采集和记录,并恢复仪器各部分至初始状态,驾驶员缓慢停止承载车,提起测量架。

(7)操作人员检查数据文件,文件应完整,内容应正常,否则需要重新测试。

(8)关闭测试系统电源,结束测试。

4.8.2 试验用主要仪器设备

(1)拉克鲁瓦(Lacroix)型自动弯沉仪:由承载车,测量机架及控制系统,位移、温度和距离传感器,数据采集与处理系统等基本部分组成。

(2)自动弯沉仪的承载车辆应为单后轴、单侧双轮组的载重车,如图4.8-1所示。

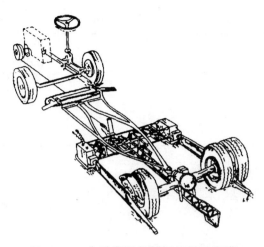

图 4.8-1　自动弯沉仪测量机架示意图

(3)位移及距离传感器。

①位移传感器分辨率:≤0.01mm;

②位移传感器量程:≥3mm;

③距离传感器的示值误差:≤1%。

4.8.3　检测结果的不确定度评定

(1)测量原理。

依据《公路路基路面现场测试规程》(JTG 3450—2019)T 0952—2008 自动弯沉仪测试路面弯沉方法进行测试。自动弯沉仪测定车在检测路段以一定速度行驶,将安装在测试车前后轴之间底盘下面的弯沉测定梁放到车辆底盘的前端并支于地面保持不动,当后轴双轮隙通过测头时,弯沉通过位移传感器等装置被自动记录下来,这时,测定梁被拖动,以二倍的汽车速度拖到下一测点,周而复始地向前连续测定。

(2)测量模型。

采用自动弯沉仪对路面弯沉进行测量时,测量模型为:

$$L = L_0 \tag{4.8-1}$$

式中:L——路面弯沉标准值(0.01mm);

L_0——路面弯沉测量值(0.01mm)。

(3)评定不确定度分量。

①由测量重复性引入弯沉测量的不确定度分量 u_1。

选择弯沉值在 10~20(0.01mm)的代表性路段,取同一路段相同测点重复测试的 8 个测量点,记录输出的示值,如表 4.8-1 所示。

自动式弯沉仪示值重复性测量数据（单位:0.01mm）　　　表4.8-1

序号	1	2	3	4	5	6	7	8
弯沉值	11.05	11.77	11.08	11.72	10.76	11.07	11.76	10.86
总平均值 $\bar{x}$	11.26							
标准差 $s(x_i)$	0.39							

根据《公路路基路面现场测试规程》(JTG 3450—2019) T 0952—2008 中的试验方法，检测过程无多次测量要求，故不确定度分量等于单次实验标准差，即：

$$u_1 = s(x_i) = 0.39(0.01\text{mm})$$

②由自动弯沉仪引入的不确定度分量 u_2。

根据《前插式激光测距自动弯沉仪》[JJG（交通）111—2012]，系统静态线性误差指标要求为：≤±3(0.01mm)，故测量可能取值区间半宽度 $a = 3(0.01\text{mm})$，假设均匀分布，故：

$$u_2 = \frac{a}{k} = \frac{3}{\sqrt{3}} = 1.74(0.01\text{mm})$$

(4) 计算合成不确定度。

两个不确定度分量不相关，故：

$$u_c = \sqrt{u_1^2 + u_2^2} = \sqrt{0.39^2 + 1.74^2} = 1.79(0.01\text{mm})$$

(5) 确定扩展不确定度。

取包含因子 $k=2$，自动弯沉仪测试结果的扩展不确定度为：

$$U = 2 \cdot u_c = 2 \times 1.79 = 3.6(0.01\text{mm})$$

(6) 不确定度报告。

$$U = 3.6(0.01\text{mm}), k = 2$$

4.9 落锤式弯沉仪测试弯沉检测结果的不确定度评定

路面承载能力是影响路基路面安全的重要性能之一，在道路交通运输的过程中，路面动态荷载是路面承受的重要荷载形式，落锤式弯沉仪正是一种无损、快速的测定路基路面动态弯沉的检测设备。落锤式弯沉仪通过一定质量的重锤从一定高度落下，发生冲击荷载，测定冲击荷载下路基路面表面产生的瞬时变形，即弯沉值。

4.9.1 落锤式弯沉仪检测弯沉方法

依据《公路路基路面现场测试规程》(JTG 3450—2019) T 0953—2008,落锤式弯沉仪测试弯沉方法如下:

(1)将落锤式弯沉仪牵引至测试路段起始位置,输入测试位置信息,设定好状态参数。

(2)承载板中心位置对准测点,承载板自动落下,放下弯沉装置的各个传感器。

(3)启动落锤装置,落锤瞬即自由落下,冲击力作用于承载板上,又立即自动提升至原来位置固定。同时,各个传感器检测结构层表面变形,记录系统将位移信号输入计算机,并得到峰值,即路面弯沉,同时得到弯沉盆。每一测点重复测定应不少于3次,除去第一个测定值,取以后几次测定值的平均值作为计算依据。

(4)提起传感器及承载板,牵引车向前移动至下一个测点,重复上述步骤,进行测定。

4.9.2 试验用主要仪器设备

落锤式弯沉仪:简称 FWD,由荷载发生装置、弯沉检测装置、运算控制系统与车辆牵引系统等组成,如图 4.9-1 所示。

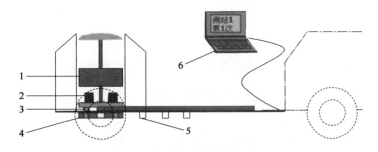

图 4.9-1 落锤式弯沉仪主要组成和结构

1-重锤;2-橡胶缓冲装置;3-荷载传感器;4-承载板 5-弯沉传感器;6-运算控制系统

(1)荷载发生装置:重锤的质量及落高根据使用目的与道路等级选择,荷载由传感器测定。如无特殊需要,重锤的质量为 200kg ± 10kg,可采用产生 50kN ± 2.5kN 的冲击荷载。承载板宜为十字对称分开成 4 部分且底部固定有橡胶片的承载板。承载板的直径一般为 300mm。

(2)弯沉检测装置:由一组高精度位移传感器组成,如图 4.9-2 所示。传感器可为差动变压器式位移计(LVDT)或地震检波器。自承载板中心开始,沿道路纵向隔开一定距离布设一组传感器,传感器总数不少于 7 个,建议布置在 0～250cm 范围以内,必须包括 0、30、60、90 四点,其他根据需要及设备性能决定。

(3)运算及控制装置:能在冲击荷载作用的瞬间内,记录冲击荷载及各个传感器所在位置测点的动态变形。

(4)牵引装置:牵引 FWD 并安装运算及控制装置的车辆。

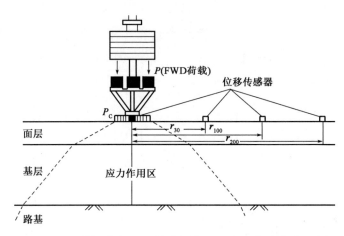

图 4.9-2　落锤式弯沉仪传感器布置及应力作用状态示例

4.9.3　检测结果的不确定度评定

(1)测量原理。

依据《公路路基路面现场测试规程》(JTG 3450—2019)T 0953—2008 落锤式弯沉仪测试弯沉方法进行测试。在一定质量的重锤落下一定高度发生的冲击荷载作用下,测定路基或路面表面所产生的瞬时变形,即动态荷载作用下所产生的动态弯沉。

(2)测量模型。

采用落锤式弯沉仪对路面弯沉进行测量时,测量模型为:

$$L_{fwd} = L_{fwd0} \tag{4.9-1}$$

式中:L_{fwd}——路面弯沉标准值;

L_{fwd0}——路面弯沉测量值。

(3)评定不确定度分量。

①由测量重复性引入弯沉测量的不确定度分量 u_1。

取统一测试段的 9 个测点,每个测点测量 3 次,记录输出的示值,采用极差法计算每个测点的标准差,见表 4.9-1。

落锤式弯沉仪示值重复性测量数据(单位:0.01mm)　　　表 4.9-1

测点	测量次数			最大值与最小值之差	标准差
	第 1 次	第 2 次	第 3 次		
测点 1	17.59	17.1	16.24	1.35	0.46
测点 2	16.09	16.63	16.14	0.54	0.18
测点 3	16.35	15.8	19.06	3.26	1.11
测点 4	16.56	12.42	15.03	4.14	1.41
测点 5	18.56	17.13	16.86	1.7	0.58
测点 6	16.55	16.14	13.42	3.13	1.07
测点 7	23.13	17.42	16.39	6.74	2.30
测点 8	21.53	18.57	17.46	4.07	1.39
测点 9	11.66	19.46	20.84	9.18	3.14

计算 27 个测点弯沉的平均值 $\bar{x}$ = 17.04(0.01mm)。

根据依据《公路路基路面现场测试规程》(JTG 3450—2019)T 0953—2008,每个测点重复测试应不少于 3 次,取测试次数为 3。

$$s_p = \sqrt{\frac{\sum_{i=1}^{m} s_i^2}{m}} = 1.3(0.01\text{mm})$$

$$u_1 = \frac{s_p}{\sqrt{n}} = \frac{1.3}{\sqrt{3}} = 0.75(0.01\text{mm})$$

②由设备自身引入的不确定度 u_2。

根据《落锤式弯沉仪检定规程》[JJG(交通)133—2023],落锤式弯沉仪测量结果允许误差为 ±5%,则区间半宽度 a = 17.04×5% = 0.85(0.01mm)。假设均匀分布,包含因子 k 取 $\sqrt{3}$。

$$u_2 = \frac{a}{k} = \frac{0.85}{\sqrt{3}} = 0.49(0.01\text{mm})$$

(4)计算合成不确定度。

各不确定度分量间相互独立且不相关,计算合成不确定度。

$$u_c = \sqrt{u_1^2 + u_2^2} = \sqrt{0.75^2 + 0.49^2} = 1(0.01\text{mm})$$

(5)确定扩展不确定度。

取包含因子 k = 2,落锤式弯沉仪测试结果的扩展不确定度为:

$$U = 2 \cdot u_c = 2 \times 1 = 2(0.01\text{mm})$$

(6)不确定度报告。

$$U = 2(0.01\text{mm}), k = 2$$

4.10 手工铺砂仪测试路面构造深度检测结果的不确定度评定

路面表面的构造深度(TD)又称纹理深度,是衡量路面粗糙度的重要指标,是指一定面积的路表面凹凸不平的开口孔隙的平均深度,主要用于评定路面表面的宏观粗糙度、排水性能及抗滑性。

4.10.1 手工铺砂仪检测路面构造深度方法

根据《公路路基路面现场测试规程》(JTG 3450—2019)进行相关准备工作后,测定路面构造深度的试验方法如下:

(1)用扫帚或毛刷子将测点附近的路面清扫干净,面积不小于30cm×30cm。

(2)用小铲向圆筒中缓缓注入准备好的量砂至高出量筒成尖顶状,手提圆筒上部,用钢尺轻轻叩打圆筒中部3次,并用刮尺边沿筒口一次刮平。

注:不可直接用量砂筒装量砂,以免影响量砂密度的均匀性。

(3)将砂倒在路面上,用推平板由里向外重复作摊铺运动,稍稍用力将砂向外均匀摊开,使砂填入路表面的空隙中,尽可能将砂摊成圆形,并不得在表面上留有浮动余砂。注意摊铺时不可用力过大或向外推挤。

(4)用钢板尺测量所构成圆的两个垂直方向的直径,取其平均值,准确至1mm。也可用专用尺直接测量构造深度。

(5)按以上方法,同一处平行测试不少于3次,3个测点均位于轮迹带上,测点间距为3~5m。同一处测试应该由同一个试验员进行。该处的测试位置以中间测点的位置表示。

4.10.2 试验用主要仪器设备

(1)手工砂铺仪:由量砂筒、推平板组成,具体技术要求如下:

①量砂筒:一端是封闭的,容积为25mL±0.15mL,可通过称量砂筒中水的质量以确定其容积V,并调整其高度,使其容积符合规定要求。附专用的刮尺将筒口量砂刮平。

②推平板:推平板应为木制或铝制,直径50mm,底面粘一层厚1.5mm的橡胶片,上面有一圆柱把手。

(2)量砂:足够数量的干燥洁净的匀质砂,粒径为 0.15~0.30mm。

(3)量尺:钢板尺或专用构造深度尺。

(4)其他:装砂容器(小铲)、扫帚或毛刷、挡风板等。

4.10.3 检测结果的不确定度评定

(1)测量原理。

将细砂铺在路面上,计算嵌入凹凸不平的表面空隙中的砂的体积与覆盖面积之比,从而求得构造深度。

(2)测量模型。

构造深度值不确定度的测量模型为:

$$\text{TD} = \frac{1000V}{\pi \overline{D}^2/4} \cdot \Delta_1 \cdot \Delta_2 \cdot \Delta_3 \cdot \Delta_4 \cdot \Delta_5 \tag{4.10-1}$$

式中:TD——路面构造深度标准值(mm);

V——砂的体积(mL);

$\overline{D}$——摊平砂的平均直径(mm);

Δ_1——砂体积的影响,用平均值计算 TD 的正负偏差;

Δ_2——钢板尺的示值误差;

Δ_3——人员读数的影响;

Δ_4——数值修约影响。

(3)评定不确定度分量。

①由摊平砂平均直径测量重复性引入构造深度测量的不确定度分量 u_{r1}。

同一处共有 3 个测点,每个测点测量 2 次,取平均值为摊平砂的平均直径,检测结果见表 4.10-1。

单次测量值(单位:mm)　　　　　　　表 4.10-1

序号	1	2	3	4	5	6
测量值	195	195	190	190	200	195

其算术平均值为:

$$\overline{D} = \frac{1}{n}\sum_{i=1}^{n} D_i = 194(\text{mm})$$

采用极差法计算单次试验标准差为:

$$s = \frac{200 - 190}{C} = \frac{10}{2.53} = 3.95(\text{mm})$$

则：

$$u_{r1} = \frac{s}{\overline{D}} = \frac{3.95}{194} \times 100\% = 2\%$$

②由砂体积偏差引入的不确定度分量 u_{r2}。

量砂筒一端是封闭的,容积为 $25\text{mL} \pm 0.15\text{mL}$，$\overline{D} = 194\text{mm}$，按照下式计算由于容积误差带来的 TD 误差：

$$\text{TD} = \frac{1000V}{\pi \overline{D}^2/4} = \frac{1000 \times 0.15}{3.14 \times 194^2/4} = 0.01\text{mm} \quad (4.10\text{-}2)$$

误差范围为 0.01mm，均匀分布，取 $k = \sqrt{3}$，用 B 类方法进行评定，得标准不确定度为：

$$u_{r2} = \frac{a_1}{k \cdot \overline{D}} = \frac{0.005}{\sqrt{3} \times 194} = 0.002\%$$

③由钢板尺引入的不确定度分量 u_{r3}。

钢板尺的最大允许误差是 $\pm 0.10\text{mm}$，均匀分布，取 $k = \sqrt{3}$，用 B 类方法进行评定，得标准不确定度为：

$$u_{r3} = \frac{a_1}{k \cdot \overline{D}} = \frac{0.05}{\sqrt{3} \times 194} = 0.02\%$$

④由人员读数误差引入的不确定度分量 u_{r4}。

人员读数产生的误差，根据经验可以估计为 $\pm 0.5\text{mm}$，均匀分布，取 $k = \sqrt{3}$，用 B 类方法进行评定，得标准不确定度为：

$$u_{r4} = \frac{a_1}{k \cdot \overline{D}} = \frac{0.5}{\sqrt{3} \times 194} = 0.15\%$$

⑤由数值修约引入的不确定度分量 u_{r5}。

按照方法要求修约至 5mm，均匀分布，取 $k = \sqrt{3}$，用 B 类方法进行评定，得标准不确定度为：

$$u_{r5} = \frac{a_1}{k \cdot \overline{D}} = \frac{2.5}{\sqrt{3} \times 194} = 1.2\%$$

（4）计算合成不确定度。

各不确定度分量间相互独立且不相关，计算合成不确定度 u_{rc}。

$$\begin{aligned} u_{rc} &= \sqrt{u_{r1}^2 + u_{r2}^2 + u_{r3}^2 + u_{r4}^2 + u_{r5}^2} \\ &= \sqrt{2\%^2 + 0.002\%^2 + 0.02\%^2 + 0.15\%^2 + 1.2\%^2} = 2.3\% \end{aligned}$$

（5）确定扩展不确定度。

取包含因子 $k = 2$，则路面构造深度的扩展不确定度为：

$$U_r = k u_{rc} = 2 \times 2.3\% = 4.6\%$$

(6)不确定度报告。

$$U = 4.6\%, k = 2$$

4.11 车载式激光构造深度仪测试路面构造深度检测结果的不确定度评定

构造深度的测试主要是铺砂法以及激光构造深度仪测试。由于计算模式的差别,对于相同的被测表面,激光构造深度仪计算示值存在一定差异,因此在工程应用中,须按照相应规范并经过相关性试验,才可用于路面构造深度的评价。激光构造深度仪主要由激光测距传感器、纵向距离传感器和计算机处理系统等部分组成。目前在公路工程中,常用车载式激光构造深度仪对构造深度进行测试。

4.11.1 车载式激光构造深度仪检测路面构造深度方法

根据《公路路基路面现场测试规程》(JTG 3450—2019)进行相关准备工作后,测定路面构造深度的试验方法如下:

(1)按照设备使用说明规定的预热时间对测试系统预热。

(2)测试车停在测试起点前(50~100)m处,启动测试系统程序,按照设备操作手册的规定和测试路段的现场技术要求设置完毕所需的测试状态。

(3)驾驶员应按照设备操作手册要求的测试速度范围驾驶测试车,避免急加速和急减速,急弯路段应放慢车速,沿正常行车轨迹驶入测试路段。

(4)进入测试路段后,测试人员启动系统的采集和记录程序,在测试过程中必须及时准确地将测试路段的起终点和其他需要特殊标记的位置输入测试数据记录中。

(5)当测试车辆驶出测试路段后,测试人员停止数据采集和记录,并恢复仪器各部分至初始状态。

(6)检查:测试数据文件应完整,内容应正常,否则需要重新测试。

(7)关闭测试系统电源,结束测试。

4.11.2 试验用主要仪器设备

设备主要为车载式激光构造深度仪测试系统。测试系统由承载车、距离传感器、激光传感器和主控制系统组成。主控制系统对测试装置的操作实施控制,完成数据采集、传输、存储与计算过程。其主要技术要求如下:

(1)最大测试速度:≥50km/h。

(2)采样间隔:≤5mm。

(3)传感器垂直测距示值误差:≤0.1mm。

(4)距离标定误差:<0.1%。

4.11.3 检测结果的不确定度评定

(1)测量原理。

采用符合《车载式路面激光构造深度仪检定规程》[JJG(交通)112—2012]要求的车载式路面激光构造深度仪进行试验,驾驶承载车以规定的速度,匀速驶过试验路段,同时控制设备采集数据,然后通过采集数据计算试验路段的构造深度值。

(2)测量模型。

构造深度值不确定度的测量模型为:

$$TD = TD_0 \tag{4.11-1}$$

式中:TD——路面构造深度标准值(mm);

TD_0——路面构造深度仪测量值(mm)。

(3)评定不确定度分量。

①由测量重复性引入构造深度测量的不确定度分量 u_{r1}。

选取一段构造深度值为1.5~2.0mm的试验路,重复检测10次,检测结果见表4.11-1。

构造深度测量数据(单位:mm)　　　　　　　表4.11-1

序号	1	2	3	4	5	6	7	8	9	10
构造深度值	1.72	1.73	1.73	1.73	1.73	1.73	1.72	1.73	1.73	1.73
平均值 $\bar{x}$	1.728									
标准差 s	0.004									

根据测量数据计算标准不确定度为:

$$u_{r1} = \frac{s}{\bar{x}} = \frac{0.004}{1.728} \times 100\% = 0.23\%$$

②由车载式路面激光构造深度仪引入的不确定度分量 u_{r2}。

根据《车载式路面激光构造深度仪检定规程》[JJG(交通)112—2012],Ⅰ级激光构造深度仪示值最大允许误差为±5%。计算示值误差的区间半宽度 $a = 5\%$,假设被测量值在区间内的概率分布为均匀分布,取 $k = \sqrt{3}$。计算由车载式路面激光构造深度仪引入的不确定度分量为:

$$u_{r2} = \frac{a}{k} = \frac{5\%}{\sqrt{3}} = 2.9\%$$

(4)计算合成不确定度。

各不确定度分量间相互独立且不相关,计算合成不确定度 u_{rc}。

$$u_{rc} = \sqrt{u_{r1}^2 + u_{r2}^2} = \sqrt{0.23\%^2 + 2.9\%^2} = 2.9\%$$

(5)确定扩展不确定度。

取包含因子 $k=2$,则路面构造深度的扩展不确定度为:

$$U_r = ku_{rc} = 2 \times 2.9\% = 5.8\%$$

(6)不确定度报告。

$$U = 6\%, k = 2$$

4.12 摆式仪测试路面摩擦系数检测结果的不确定度评定

路面的抗滑性能采用抗滑系数(摩擦系数)作为评价指标,抗滑系数以横向力系数(SFC)或摆式仪的摆值(BPN)来表示。这其中的摆式仪即是摆式摩擦系数测定仪,它是一种测定路面、机场跑道、标线漆等摩擦系数的仪器。也可以通过测定典型路面摩擦系数,作为确定保种轮胎配方的依据之一。摆式仪调试方便、操作简单,测试时对交通影响较小,数据也较稳定,且室内外均可使用。

4.12.1 摆式仪检测路面摩擦系数方法

根据《公路路基路面现场测试规程》(JTG 3450—2019)进行了相关准备工作后,摆式仪测试路面摩擦系数试验方法如下:

(1)清洁路面:用扫帚或其他工具将测点处的路面打扫干净。

(2)仪器调平。

①将仪器置于路面测点上,并使摆的摆动方向与行车方向一致。

②转动底座上的调平螺栓,使水准泡居中。

(3)调零。

①放松紧固把手,转动升降把手,使摆升高并能自南摆动,然后旋紧紧固把手。

②将摆固定在右侧悬臂上。使摆处于水平释放位置,并把指针拨至右端与摆杆平行处。

③按下释放开关,使摆向左带动指针摆动。当摆达到最高位置后下落时,用手将摆杆接住,此时指针应指零。

④若不指零,可稍旋紧或旋松摆的调节螺母。

⑤重复上述4个步骤,直至指针指零。调零允许误差为±1。

(4)校核滑动长度。

①让摆处于自然下垂状态,松开固定把手,转动升降把手,使摆下降。与此同时,提起举升柄使摆向左侧移动,然后放下举升柄使橡胶片下缘轻轻触地,紧靠橡胶片摆放滑动长度量尺,使量尺左端对准橡胶片下缘;再提起举升柄使摆向右侧移动,然后放下举升柄使橡胶片下缘轻轻触地,检查橡胶片下缘应与滑动长度量尺的右端齐平。

②若齐平,则说明橡胶片两次触地的距离(滑动长度)符合126mm的规定。校核滑动长度时,应以橡胶片长边刚刚接触路面为准,不可借摆的力量向前滑动,以免标定的滑动长度与实际不符。

③若不齐平,升高或降低摆或仪器底座的高度。微调时用旋转仪器底座上的调平螺丝调整仪器底座的高度比较方便,但需注意保持水准泡居中。

④重复上述动作,直至滑动长度符合126mm的规定。

(5)将摆固定在右侧悬臂上,使摆处于水平释放位置,并把指针拨至右端与摆杆平行处。

(6)用喷水壶浇洒测点,使路面处于湿润状态。

(7)按下右侧悬臂上的释放开关,使摆在路面滑过。当摆杆回落时,用手接住,读数但不记录。然后使摆杆和指针重新置于水平释放位置。

(8)重复(6)和(7)的操作5次,并读记每次测定的摆值。单点测定的5个值中最大值与最小值的差值不得大于3。如差值大于3时,应检查产生的原因,并再次重复上述各项操作,直至符合规定为止。取5次测定的平均值作为单点的路面抗滑值(即摆值BPN_T),取整数。

(9)在测点位置用温度计测记潮湿路表温度,精确至1℃。

(10)每个测点由3个单点组成,即需按以上方法在同一测点处平行测定3次,以3次测定结果的平均值作为该测点的代表值(精确到1)。1个单点均应位于轮迹带上,单点间距离为3~5m。该测点的位置以中间单点的位置表示。

4.12.2 试验用主要仪器设备

(1)指针式摆式仪:形状及结构如图4.12-1所示,测试时由人工通过指针在度盘上直接读值,摆值最小刻度为2。

(2)橡胶片:尺寸为6.35mm×25.4mm×76.2mm,当橡胶片使用后,端部在长度方向上磨耗超过1.6mm或边缘在宽度方向上磨耗超过3.2mm,或有油类污染时,即应更换新橡胶片。新橡胶片应先在干燥路面上测试10次后再用于测试,橡胶片的有效使用期自出厂日期起算为12个月。

(3)滑动长度量尺:长度126mm。

(4)喷水壶。

(5)路面温度计:分度不大于1℃。

(6)其他:毛刷或扫帚、记录表格等。

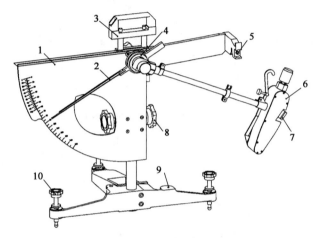

图4.12-1 指针式摆式仪结构示意图

1-刻度盘;2-指针;3-紧固把手;4-松紧调节螺栓;5-释放开关;6-摆;7-滑溜块;8-升降把手;9-水准泡;10-调平螺栓

4.12.3 检测结果的不确定度评定

(1)测量原理。

采用符合《摆式摩擦系数测定仪检定规程》[JJG(交通)053—2017]要求的摆式摩擦系数测定仪进行试验,对每一测点重复测量5次,记录测量的摆值,5次测量值的最大值与最小值之差不大于3即为有效结果,取5次测量结果的平均值作为单点的路面抗滑值(即摆值BPN),取整数。

(2)测量模型。

摆式摩擦系数不确定度的测量模型为:

$$BPN = BPN_T \cdot \Delta_1 \tag{4.12-1}$$

式中:BPN——标准温度下,摆式摩擦系数测定仪摆值;

BPN_T——摆式摩擦系数测定仪 5 次读数的平均值；

Δ_1——路面温度对测量结果的影响因素。

（3）评定不确定度分量。

①由测量重复性引入路面摩擦系数测量的不确定度分量 u_{r1}。

在重复条件下对 3 个单点进行测试,每个单点进行 5 次测量,检测结果见表 4.12-1。

重复性测量数据　　　　表 4.12-1

测点	测量次数					单点平均值	单点标准差
	1	2	3	4	5		
1	70	68	68	70	68	69	1.10
2	70	72	70	70	70	70	0.89
3	68	68	68	68	70	68	0.89

计算各组试验的平均值 $\bar{x}=69 \text{BPN}$。

计算各组试验的标准差,取其平均值,得到试验重复性标准差为：

$$u_1 = s = \sqrt{\frac{1.10^2 + 0.89^2 + 0.89^2}{3}} = 0.96(\text{BPN})$$

$$u_{r1} = \frac{u_1}{\bar{x} \times \sqrt{3}} = \frac{0.96}{69 \times \sqrt{3}} \times 100\% = 0.8\%$$

②由摆式摩擦系数测定仪引入的不确定度分量 u_{r2}。

根据《摆式摩擦系数测定仪检定规程》[JJG（交通）053—2017],摆值最大允许误差为 $\pm 2.0\text{BPN}$。计算示值误差的区间半宽度 $a=2\text{BPN}$,假设被测量值在区间内的概率分布为均匀分布,取 $k=\sqrt{3}$。计算由摆式摩擦系数测定仪引入的不确定度分量为：

$$u_2 = \frac{a}{k} = \frac{2}{\sqrt{3}} = 1.15(\text{BPN})$$

$$u_{r2} = \frac{u_2}{\bar{x}} = \frac{1.15}{69} \times 100\% = 1.7\%$$

③由测量地面温度变化引入的不确定度分量 u_{r3}。

根据《工作用玻璃液体温度计检定规程》（JJG 130—2011）,温度的示值误差为 $\pm 1.0℃$。计算示值误差的区间半宽度 $a=1.0℃$,假设被测量值在区间内的概率分布为均匀分布,取 $k=\sqrt{3}$。计算由测量地面温度变化引入的不确定度分量为：

$$u_3 = \frac{a}{k} = \frac{1}{\sqrt{3}} = 0.58(℃)$$

$$u_{r3} = \frac{u_2}{\bar{x}} = \frac{0.58}{69} \times 100\% = 0.8\%$$

(4) 计算合成不确定度。

各不确定度分量间相互独立且不相关,计算合成不确定度 u_{rc}。

$$u_{rc} = \sqrt{u_{r1}^2 + u_{r2}^2 + u_{r3}^2} = \sqrt{0.8\%^2 + 1.7\%^2 + 0.8\%^2} = 2.04\%$$

(5) 确定扩展不确定度。

取包含因子 $k = 2$,则摆式摩擦系数测定仪测试路面摩擦系数检测结果的扩展不确定度为:

$$U_r = 2u_{rc} = 4.08\%$$

(6) 不确定度报告。

$$U_r = 8.2\%, k = 2$$

4.13 双轮式横向力系数测试系统测试路面摩擦系数检测结果的不确定度评定

路面抗滑性能是关乎道路安全的重要性能,横向力系数(SFC)则是评价路面抗滑性能的重要指标。双轮式横向力系数测试系统是用于快速测量路面 SFC 值的检测设备,通过牵引车按一定测试速度牵引拖车行驶时,两侧试轮与接触路面产生横向摩擦力,并通过系统计算得到 SFC 值。

4.13.1 双轮式横向力系数测试系统检测路面摩擦系数

根据《公路路基路面现场测试规程》(JTG 3450—2019)T 0967—2008 双轮式横向力系数测试系统测试路面摩擦系数方法进行测试:

(1)将车辆驶向测试路段,提前约 200m 处打开水阀,降下测试轮。测试车速保持 40 ~ 60km/h 范围内匀速状态。

(3)测试过程中,测试人员应及时准确将测试路段需要标记的起终点和其他特殊点的位置输入测试数据记录中。

(4)驶出测试路段后,停止测试过程,存储数据文件。

4.13.2 试验用主要仪器设备

试验所用的主要设备就是双轮式横向力系数测试系统,测试系统主要由牵引车、供水装置、拖车、计算机数据采集及存储单元、测量装置等组成。其中,测量装置包括距离测量装置、横向力测量装置、温度测量装置等,如图4.13-1所示。

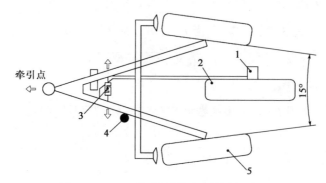

图 4.13-1 双轮式测试系统结构示意图

1-距离测量装置;2-测距轮;3-横向力测量装置;4-温度测量装置;5-测试轮

4.13.3 检测结果的不确定度评定

(1)测量原理。

采用符合《双轮式横向力摩擦系数自动测试系统检定规程》[JJG(交通)100—2020]要求的双轮式横向力摩擦系数自动测试系统进行试验,测试车以 40~60km/h 速度匀速行驶测试被测路面获得路面摩擦系数,然后计算路面摩擦系数的平均值、标准差和变异系数。

(2)测量模型。

采用双轮式测试系统进行测试时,建立测量模型为:

$$\text{SFC}_{标准} = 100\frac{F_T \cdot \cos\frac{\alpha}{2}}{W} + \Delta_1 + \Delta_2 \tag{4.13-1}$$

式中:F_T——测试轮胎所受的横向摩擦力(N);

α——测试轮轴台端面间夹角(°);

W——两测试轮垂直静态荷载的平均值(N);

Δ_1——温度影响;

Δ_2——测试速度影响。

(3)评定不确定度分量。

①由测量重复性引入路面摩擦系数的不确定度分量 u_1。

在每5m一个测试点,60个测试点共测10次,选取标准偏差最大的一组进行重复性的不确定度计算,见表4.13-1。

路面摩擦系数重复性测量数据   表 4.13-1

序号	1	2	3	4	5	6	7	8	9	10
摩擦系数 SFC	68.4	62	73.5	75.5	75.7	76.8	73	70	72.3	73.3
平均值 $\bar{x}$					72.05					
实验标准偏差 $s(x_i)$					4.358					

根据《公路路基路面现场测试规程》(JTG 3450—2019) T 0967—2008 实际检测无多次测量要求，则其不确定度等于单次测量标准偏差：

$$u_1 = s(x_i) = 4.358$$

②横向力测量引入的不确定度 u_{r2}。

根据《双轮式横向力摩擦系数自动测试系统》[JJG(交通)100—2020]，横向力示值相对误差为 $\pm 3\%$，假设被测量值在区间内的概率分布为均匀分布，取 $k = \sqrt{3}$。计算由横向力测量引入的相对不确定度分量为：

$$u_{r2} = \frac{3.00\%}{k} = 1.74\%$$

③测试轮轴台断面之间的夹角引入的不确定度 u_3。

根据《双轮式横向力摩擦系数自动测试系统检定规程》[JJG(交通)100—2020]，测试轮轴台断面之间的夹角最大允许误差为 $\pm 1°$。可能取值的区间半宽度为 $a = 1°$，假设被测量值在区间内的概率分布为均匀分布，取 $k = \sqrt{3}$，由测试轮轴台断面之间的夹角引入的不确定度分量为：

$$u_3 = \frac{a}{k} = \frac{1}{\sqrt{3}} = 0.578°$$

④测试轮垂直静态荷载引入的不确定度 u_{r4}。

根据《双轮式横向力摩擦系数自动测试系统检定规程》[JJG(交通)100—2020]，测试轮垂直静态荷载最大允许误差为 $\pm 9N$。可能取值的区间半宽度 $a = 9N$，假设被测量值在区间内的概率分布为均匀分布，取 $k = \sqrt{3}$，由测试轮垂直静态荷载引入的不确定度分量为：

$$u_4 = \frac{a}{k} = \frac{9}{\sqrt{3}} = 5.197(N)$$

$$u_{r4} = \frac{u_4}{\bar{x}} = \frac{5.197}{761} = 0.69\%$$

⑤测试速度影响引入的不确定度 u_5。

测试系统标准速度为 (50 ± 4) km/h,在标准测试速度下,可通过速度修正公式得到标准速度条件下 SFC 变化的可能取值区间半宽度。

$$\text{SFC}_{标准} = \text{SFC}_{测量} - 0.22(v_{标准} - v_{测量}) \tag{4.13-2}$$

式中:$\text{SFC}_{测量}$——现场实际测试速度条件下的 SFC 测试值;

$v_{标准}$——标准测试速度(km/h);

$v_{测量}$——现场实际测试速度(km/h)。

SFC 变化的可能取值区间半宽度 $a=0.88$,假设为均匀分布,故由测试速度影响引入的不确定度分量为:

$$u_5 = \frac{a}{k} = \frac{0.88}{\sqrt{3}} = 0.508$$

⑥环境温度影响引入的不确定度 u_6。

SFC 的标准地面温度为 (20 ± 5) ℃,其他地面温度条件测试的 SFC 值必须通过温度修正来换算。我国有温度试验证明,温度每升高 1℃,SFC 值减小 $0.2\sim0.3$,取上限 0.3,则 SFC 变化的可能取值区间半宽度 $a=1.5$,假设为均匀分布,故由环境温度引入的不确定度分量为:

$$u_6 = \frac{a}{k} = \frac{1.5}{\sqrt{3}} = 0.867$$

(4)计算合成不确定度。

各不确定度分量间相互独立且不相关,计算合成不确定度。

$$u_c = \sqrt{u_1^2 + \left(\bar{x} \cdot \sqrt{u_{r2}^2 + \frac{\sin^2\frac{\alpha}{2}}{4\cos^2\frac{\alpha}{2}}u_3^2 + u_{r4}^2}\right)^2 + u_5^2 + u_6^2}$$

$$= \sqrt{4.358^2 + \left(72.05 \times \sqrt{1.74\%^2 + \frac{\sin^2\frac{15°}{2}}{4\cos^2\frac{15°}{2}} \times 0.578^2 + 0.69\%^2}\right)^2 + 0.508^2 + 0.867^2}$$

$$= 5.417$$

(5)确定扩展不确定度。

取包含因子 $k=2$,则路面摩擦系数检测结果的扩展不确定度为:

$$U = 2 \cdot u_c = 2 \times 5.417 = 10.9$$

(6)不确定度报告。

$$U = 10.9, k = 2$$

4.14 单轮式横向力系数测试系统测试路面摩擦系数检测结果的不确定度评定

单轮式横向力系数测试仪与双轮测量原理相同,均是通过输出横向力系数从而达到表征路面抗滑能力的目的。单轮式横向力系数测试仪测试轮与车辆行驶方向成一定偏角,路面对测试轮形成轴向平行作用力,通过计算该平行力与垂直方向作用力之比值得到横向力系数(SFC)。

4.14.1 单轮式横向力系数测试系统检测路面摩擦系数方法

依据《公路路基路面现场测试规程》(JTG 3450—2019)T 0965—2008 单轮式横向力系数测试系统测定路面摩擦系数方法进行测试:

(1)正式开始测试前首先应按规定的时间要求启动控制单元进行通电预热。

(2)进入测试路段前,测试人员设置所需的系统技术参数,并将测试轮胎至少提前 500m 降至路面上进行预跑。

(3)进入测试路段后,驾驶员应保持较为均匀的行车速度,并沿正常行车轨迹行驶。当为固定出水控制方式时,行驶最高速度不得超过出水开关事先设置的速度。

(4)测试过程中,测试人员应及时准确地将测试路段需要标记的起终点和其他特殊点的位置输入测试数据记录中。

(5)承载车驶出测试路段后,测试人员应停止测试程序,提升起测量轮并恢复仪器各部分至初始状态。

(6)检查数据文件内容应完整正常,否则需要重新测试。

(7)关闭测试系统电源,结束测试。

4.14.2 试验用主要仪器设备

单轮式横向力系数测试系统由承载车、距离测试装置、横向力测试装置、供水装置和主控制单元组成,主控制单元除实施对测试装置和供水装置的操作控制外,同时还控制数据的传输、记录与计算等环节。单轮式测试仪结构示意图如图 4.14-1 所示。

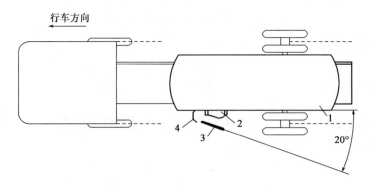

图 4.14-1　单轮式测试仪结构示意图

1-水罐;2-横向力测试装置;3-测试轮;4-供水口

4.14.3　检测结果的不确定度评定

(1)测量原理。

依据《公路路基路面现场测试规程》(JTG 3450—2019)T 0965—2008 单轮式横向力系数测试系统测定路面摩擦系数方法进行测试。工作时,测试轮与车辆行驶方向成 20°偏角,路面对测试轮形成轴向平行作用力,通过计算该平行力与垂向方向作用力之比得到横向力系数(SFC)。

(2)测量模型。

采用单轮式测试仪进行测试时,测量模型为：

$$\text{SFC}_{标准} = 100\frac{F_T}{W} + \Delta_1 + \Delta_2 + \Delta_3 \tag{4.14-1}$$

式中:F_T——测试轮胎所受的横向摩擦力(N);

W——两测试轮垂直静态荷载的平均值(N);

Δ_1——温度影响;

Δ_2——测试速度影响;

Δ_3——测试轮偏角的影响。

(3)评定不确定度分量。

①由测量重复性引入路面摩擦系数的不确定度分量 u_1。

在标准温度下,同一测点重复测量横向力摩擦系数 7 次,选取标准偏差最大的一组进行不确定度的计算,如表 4.14-1 所示。

根据《公路路基路面现场测试规程》(JTG 3450—2019)T 0967—2008 实际检测无多次测量要求,其不确定度等于单次测量标准偏差：

$$u_1 = s(x_i) = 2.45$$

路面摩擦系数重复性测量数据　　　　表 4.14-1

序号	1	2	3	4	5	6	7
摩擦系数 SFC	87	86	90	86	83	83	87
平均值 $\bar{x}$	86							
实验标准偏差 $s(x_i)$	2.45							

②水平荷载引入的不确定度 u_{r2}。

根据《单轮式横向力系数测试仪》[JJG（交通）113—2014]，水平荷载最大允许误差为 ±20N，即可能取值区间半宽度 $a = 20$N。假设被测量值在区间内的概率分布为均匀分布，取 $k = \sqrt{3}$。水平荷载测量均值根据式 4.14-2 计算，垂直荷载 W 为 2000N，得 $\bar{F}_T = 1720$N。

$$\overline{SFC}_{测量} = 100 \frac{\bar{F}_T}{W} \quad (4.14\text{-}2)$$

式中：$\overline{SFC}_{测量}$——现场实际测试速度条件下的 SFC 测试值。

由水平荷载引入的不确定度分量为：

$$u_2 = \frac{a}{k} = \frac{20}{\sqrt{3}} = 11.548(\text{N})$$

$$u_{r2} = \frac{u_2}{\bar{F}_T} = \frac{11.548}{1720} = 0.672\%$$

③测试轮垂直静态荷载引入的不确定度 u_{r3}。

根据《单轮式横向力系数测试仪检定规程》[JJG（交通）113—2014]，测试轮垂直荷载最大允许误差为 ±20N。计算示值误差的区间半宽度 $a = 20$N，假设被测量值在区间内的概率分布为均匀分布，取 $k = \sqrt{3}$，测试轮垂直静态荷载引入的不确定度分量为：

$$u_3 = \frac{a}{k} = \frac{20}{\sqrt{3}} = 11.548(\text{N})$$

$$u_{r3} = \frac{u_{r4}}{w} = \frac{11.548}{2000} = 0.578\%$$

④测试速度影响引入的不确定度 u_4。

测试系统标准速度为 (50 ± 4)km/h，在标准测试速度下，可通过速度修正公式得到标准速度条件下 SFC 变化的可能取值区间半宽度。

$$SFC_{标准} = SFC_{测量} - 0.22(v_{标准} - v_{测量}) \quad (4.14\text{-}3)$$

式中：$v_{标准}$——标准测试速度（km/h）；

　　　$v_{测量}$——现场实际测试速度（km/h）。

SFC 变化的可能取值区间半宽度 $a = 0.88$，假设均匀分布，故由测试速度影响引入的不确定度分量为：

$$u_4 = \frac{a}{k} = \frac{0.88}{\sqrt{3}} = 0.508$$

⑤环境温度影响引入的不确定度 u_5。

SFC 的标准地面温度为 (20 ± 5)℃，其他地面温度条件测试的 SFC 值必须通过温度修正来换算。我国有温度试验证明，温度每升高 1℃，SFC 值减小 $0.2 \sim 0.3$，取上限 0.3，则 SFC 变化的可能取值区间半宽度 $a = 1.5$，假设均匀分布，故由环境温度影响引入的不确定度分量为：

$$u_5 = \frac{a}{k} = \frac{1.5}{\sqrt{3}} = 0.867$$

⑥测试轮偏角引入的不确定度 u_6。

根据《单轮式横向力系数测试仪检定规程》[JJG(交通)113—2014]，测试轮偏角允许范围为 $19.5° \sim 21°$ 根据相关文献试验结论测试偏角在此范围内，对摩擦系数影响在 $\pm 3.75 \sim \pm 5$ 之间，取大值，即可能取值区间半宽度 $a = 2.5$，假设均匀分布取 $k = \sqrt{3}$，由测试轮偏角引入的不确定度分量为：

$$u_6 = \frac{a}{k} = \frac{2.5}{\sqrt{3}} = 1.444$$

(4) 计算合成不确定度。

各不确定度分量间相互独立且不相关，计算合成不确定度。

$$u_c = \sqrt{u_1^2 + (\bar{x} \cdot \sqrt{u_{r2}^2 + u_3^2})^2 + u_{r4}^2 + u_5^2 + u_6^2}$$

$$= \sqrt{2.45^2 + (86 \times \sqrt{0.672\% + 0.578\%^2})^2 + 0.508^2 + 0.867^2 + 1.444^2}$$

$$= 3.114$$

(5) 确定扩展不确定度。

取包含因子 $k = 2$，则路面摩擦系数检测结果的扩展不确定度为：

$$U = 2 \cdot u_c = 2 \times 3.114 = 6.3$$

(6) 不确定度报告。

$$U = 6.3, k = 2$$

4.15 沥青路面渗水系数检测结果的不确定度评定

沥青路面渗水性能是反映沥青混合料级配组成的一个间接指标,也是沥青路面水稳定性的一个重要指标。如果整个沥青面层均透水,则水势必进入基层或路基,使路面承载力降低。相反如果沥青面层有一层不透水,则又不致形成水膜,对抗滑性能有很大好处。所以路面渗水系数已成为评价路面使用性能的一个重要指标。

4.15.1 沥青路面渗水系数检测方法

根据《公路路基路面现场测试规程》(JTG 3450—2019)进行了相关准备后,沥青路面渗水系数测试方法如下:

(1)将塑料圈置于路面表面的测点上,用粉笔分别沿塑料圈的内侧和外侧画圈,在外环和内环之间的部分就是需要用密封材料进行密封的区域。

(2)用密封材料对环状密封区域进行密封处理,注意不要使密封材料进入内圈,如果密封材料不小心进入内圈,必须用刮刀将其刮走。然后再将搓成拇指粗细的条状密封材料摞在环状密封区域的中央,并且摞成一圈。

(3)将套环放在路面表面的测点上,注意使套环的中心尽量和圆环中心重合,然后略微使劲将套环卡在条状密封材料内侧;将渗水仪放在套环上并对中,施加压力将渗水仪压在套环上,再将配重加上,以防压力作用下水从底座与路面间流出。

(4)将开关及排气孔关闭,向量筒中注水超过100mL刻度,然后打开开关和排气孔,使量筒中的水下流从而排出渗水仪底部内的空气,当量筒中水面下降速度变慢时,用双手轻压渗水仪使渗水仪底部的气泡全部排出,当水自排气孔顺畅排出时,关闭开关和排气孔,并再次向量筒中注水至100mL刻度。

(5)将开关打开,待水面下降至100mL刻度时,立即开动秒表开始计时,计时3min后立即记录水量,结束试验;当计时不到3min水面已下降至500mL时,立即记录水面下降至500mL时的时间,结束试验。当开关打开后3min内水面无法下降至500mL刻度时,则开动秒表计时测试3min内渗水量即可结束试验。

(6)测试过程中,如水从底座与密封材料间渗出,则底座与路面间密封不好,此试验结果为无效。关闭开关,采用密封材料补充密封,重新按(4)~(5)测试。如果仍然有水渗出,应在同一纵向位置沿宽度方向就近选择位置,重新按照(1)~(5)测试。

(7)测试过程中,如水从外环圈以外路面中渗出,可以人工将密封材料在外环圈之外5cm宽度范围内再次进行密封处理,重新按(4)~(5)测试,只要密封范围内无水渗出,则认为试验结果为有效。

(8)重复(1)~(7)的步骤,测试3个测点的渗水系数。

4.15.2 试验用主要仪器设备

(1)路面渗水仪:上部盛水量筒由透明有机玻璃制成,容积600mL,上有刻度,在100mL及500mL处有粗标线,下方通过10mm的细管与底座相接,中间有一开关。量筒通过支架连接,底座下方开口直径 Φ150mm,外径 Φ220mm,仪器附不锈钢压重钢圈两个,每个质量约5kg,内径 Φ160mm,其结构示意如图4.15-1所示。

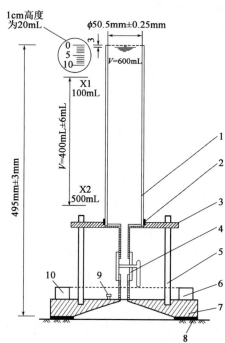

图4.15-1 路面渗水仪结构示意图
1-盛水量筒;2-螺纹连接;3-顶板;4-阀;5-立柱支架;6、10-压重钢圈;7-底座;8-密封材料;9-排气孔

(2)套环:金属圆环,宽度5mm,内径 Φ145mm,主要防止密封材料被挤压进入测试面而导致渗水面积不一致。

(3)秒表:分辨力0.01s,最大允许误差±0.07s/10min。

(4)水筒及大漏斗:水桶容量大于100mL。

(5)密封材料:防水腻子、油灰或橡皮泥,用于密封处理,防止有水流出。

(6)其他:水、粉笔、塑料圈、刮刀、扫帚等,用于辅助试验。

4.15.3 检测结果的不确定度评定

(1)测量原理。

采用符合《路面渗水系数测量仪检定规程》[JJG(交通)104—2015]要求的路面渗水系数测量仪,依据《公路路基路面现场测试规程》(JTG 3450—2019)T 0971—2019沥青路面渗水系数测试方法,随机选择3个测点,以3个测点渗水系数的平均值作为该测试位置的结果。

(2)测量模型。

路面渗水系数不确定度的测量模型为:

$$C_w = 60 \times \frac{V_2 - V_1}{t_2 - t_1} \rho_1 \qquad (4.15\text{-}1)$$

式中:C_w——路面渗水系数(mL/min);

V_1——第一次计时的水量(mL);

V_2——第二次计时的水量(mL);

t_1——第一次计时的时间(s);

t_2——第二次计时的时间(s);

ρ_1——试验时间、人为因素的影响。

(3)评定不确定度分量。

①由测量重复性引入沥青路面渗水系数的不确定度分量 u_{r1}。

同一测试位置共测试 3 个测点,测试结果分别为:191mL/min、195mL/min、189mL/min,平均值为 191.7mL/min,最大值与最小值之差为 6mL/min,用极差法(3 次测量,极差系数为 1.69)计算其由测量重复性引入的不确定度分量为:

$$u_1 = \frac{6}{1.69 \times \sqrt{3}} = 2.0(\text{mL/min})$$

$$u_{r1} = \frac{u_1}{\bar{x}} = \frac{2}{191.7} \times 100\% = 1.0\%$$

②由路面渗水系数测量仪引入的不确定度分量 u_{r2}。

根据《路面渗水系数测量仪检定规程》[JJG(交通)104—2015],路面渗水系数最大允许误差为 ±6%,计算示值误差的区间半宽度 $a = 6\%$,假设被测量值在区间内的概率分布为均匀分布,取 $k = \sqrt{3}$。计算由路面渗水系数测量仪引入的不确定度分量为:

$$u_{r2} = \frac{a}{k} = \frac{0.06}{\sqrt{3}} \times 100\% = 3.5\%$$

③由秒表时间引入的不确定度分量 u_{r3}。

根据《秒表检定规程》(JJG 237—2010),电子秒表最大允许误差为 ±0.07s,计算示值误差的区间半宽度 $a = 0.07$s,假设被测量值在区间内的概率分布为均匀分布,取 $k = \sqrt{3}$。计算由秒表引入的不确定度分量为:

$$u_3 = \frac{a}{k} = \frac{0.07}{\sqrt{3}} = 0.04(\text{s})$$

$$u_{r3} = \frac{u_3}{3 \times 60} = \frac{0.04}{180} \times 100\% = 0.1\%$$

(4)计算合成不确定度。

各不确定度分量间相互独立且不相关,计算合成不确定度 u_{rc}。

$$u_{rc} = \sqrt{u_{r1}^2 + u_{r2}^2 + u_{r3}^2} = \sqrt{1.0\%^2 + 3.5\%^2 + 0.1\%^2} = 3.5\%$$

(5)确定扩展不确定度。

取包含因子 $k=2$,则沥青路面渗水系数检测结果的扩展不确定度为:

$$U_r = 2u_{rc} = 2 \times 3.5\% = 7\%$$

(6)不确定度报告。

沥青路面渗水系数检测结果的不确定度为:

$$U_r = 7\%, k = 2$$

4.16 沥青路面车辙检测结果的不确定度评定

路面车辙深度直接反映了车辆行驶的舒适度及路面的安全性和使用期限,路面车辙深度的检测能为决策者提供重要的信息,车辙试验使决策者能为路面的维修、养护及翻修等做出优化决策。目前已经全面推广使用自动检测的办法,自动法又包括激光、超声、红外或其他非接触式位移传感器来快速连续测定路面车辙深度,目前在实际检测当中应用较多的是激光车辙仪。

4.16.1 沥青路面车辙检测方法

根据《公路路基路面现场测试规程》(JTG 3450—2019)T 0973—2019,车载式激光车辙仪测定车辙深度的试验方法如下:

(1)将测试车辆就位于测试区间起点前一定距离,以保证车辆到达测试区域时能够达到测试要求的稳定车速,启动测试设备并将其调整至工作状态。

(2)设定测试系统参数,输入路线名称、路段桩号、测试车道和测试方向等信息。

(3)根据交通量、路面状况等实际情况确定测试速度。

(4)测试时应分车道测试,保持测试车中心线与车道中心线重合,测试系统自动记录被测试车道的路面车辙数据。

（5）测试结束，保存数据。

4.16.2 试验用主要仪器设备

（1）激光车辙仪：包括多点激光或超声波车辙仪、线激光车辙仪和线扫描激光车辙仪等类型，通过激光测距技术或激光成像和数字图像分析技术得到车道横断面相对高程数据，并按规定模式计算车辙深度。激光车辙仪分类两类，第一类为应用激光测距技术直接测量路面横断面高程并计算路面深度（RU）的设备，第二类为应用激光、图像采集技术，通过对投射到路面上的激光线的变形计算路面车辙深度的设备。技术要求如下：

①纵向距离测量误差：≤0.1%；

②纵向采样间距：≤200mm；

③有效测试宽度不小于 3.5m，测点不少于 13 点，测试精度 1mm，横向采样间距≤300mm。

（2）其他：钢板尺、卡尺、塞尺，量程大于车辙深度，刻度至 1mm，粉笔等。

4.16.3 检测结果的不确定度评定

（1）测量原理。

车载式激光车辙仪采用激光测距技术直接测量路面横断面高程，依据《公路路基路面现场测试规程》（JTG 3450—2019）T 0973—2019 沥青路面车辙测试方法对路面进行测试，并计算路面车辙深度。

（2）测量模型。

采用车载式激光车辙仪对路面的车辙深度进行测量时，测量模型为：

$$R_u = R_{u0}$$

式中：R_u——车辙深度标准值（mm）；

R_{u0}——车辙深度测量计算值（mm）。

（3）评定不确定度分量。

①由测量重复性引入激光车辙仪示值的不确定度分量 u_1。

选取统一测试段（车辙 R_u 小于 15mm 并且分布均匀，车速 60km/h）的 10 个测量点，重复 3 次测量的数据，记录输出的示值，见表 4.16-1。

激光车辙仪示值重复性测量数据（单位:mm）　　　　表 4.16-1

序号		第1组	第2组	第3组	第4组	第5组	第6组	第7组	第8组	第9组	第10组
R_u	第1次	11.1	10.3	10.8	12.2	11.4	11.0	12.8	11.1	9.5	11.1
	第2次	11.1	10.0	10.4	11.8	11.1	10.9	12.2	10.6	9.6	11.5
	第3次	11.0	10.2	10.6	11.4	11.4	11.3	11.9	11.3	9.8	11.6
每个测点的标准偏差 $s_j(x_i)$		0.06	0.15	0.20	0.40	0.17	0.21	0.46	0.36	0.15	0.26
总平均值 $\bar{x}$		11.033									

依据《公路路基路面现场测试规程》(JTG 3450—2019) T 0973—2019 沥青路面车辙测试方法，检测路段无重复测量要求，故通过合并样本标准偏差方法计算得到的单次测量不确定度等于由重复性测量引入的不确定度分量，即：

$$u_1 = \sqrt{\frac{\sum_{j=1}^{m} s_j^2(x_i)}{m}} = \sqrt{\frac{0.733}{10}} = 0.271(\text{mm})$$

②由激光平整度仪引入的不确定度 u_2。

根据《车载式路面激光车辙仪检定规程》[JJG(交通)076—2010]规定，按照Ⅱ级检测设备 IRI(平整度)测量相对误差不大于 ±15%，则换算为以 11.033 为均值的绝对误差为 ±1.655，因此测量的可能取值区间半宽度 $a = 1.655$，假设均匀分布，则由激光平整度仪引入的不确定度为：

$$u_2 = \frac{a}{k} = \frac{1.655}{\sqrt{3}} = 0.956(\text{mm})$$

(4)计算合成不确定度。

各不确定度分量间相互独立且不相关，计算合成不确定度。

$$u_c = \sqrt{u_1^2 + u_2^2} = \sqrt{0.271^2 + 0.956^2} = 0.994(\text{mm})$$

(5)确定扩展不确定度。

取包含因子 $k = 2$，车载式激光车辙仪测试结果的扩展不确定度为：

$$U = 2 \cdot u_{rc} = 2 \times 0.994 = 2(\text{mm})$$

(6)不确定度报告。

$$U = 2\text{mm}, k = 2$$

4.17 防水卷材拉伸性能检测结果的不确定度评定

防水层是桥梁结构的一部分,在使用阶段防水材料将随同梁体结构一起承担行车荷载所产生的变形,因此抵抗桥梁变形能力是防水材料的一项基本要求。美国 NCHRP 曾利用模拟桥梁开裂试验来评价材料这方面的性能,但是由于梁体结构变化多样,变形的规律也很难在实验室模拟出来,所以此试验方法并没有得到推广。由于防水材料协同梁体变形的能力归根结底还是由材料的机械力学强度来体现,所以提出防水材料的拉伸性能试验,用防水卷材及加胎体的防水涂膜用材料的(断裂)拉伸强度、断裂延伸率来表征防水材料抵抗桥梁变形的性能。

4.17.1 防水卷材拉伸性能检测方法

材料选用的是弹性体改性沥青防水卷材(SBS Ⅱ PY PE PE 3),试件在试样上距边缘100mm 以上任意裁取,矩形试件宽为50mm ± 0.5mm,长为200mm + 2 × 夹持长度,长度方向为试验方向。试件在试验前23℃ ± 2℃ 和相对湿度30% ~ 70% 的条件下放置24h。

检测方法:在室温条件下23℃ ± 2℃,试验人员使用已经检定的电子万能试验机,在规定的拉伸速率下,对试件施加轴向拉力,测试试样最大峰拉力,并记录此时夹具间距离,通过公式计算得到最大峰时延伸率。

4.17.2 试验所用主要仪器设备

UTM6203 电子万能试验机,精度 ±1%,夹具移动速率为 100mm/min ± 10mm/min。试验环境为室温。

4.17.3 检测结果的不确定度评定

(1)测量原理。

现场测试根据所用到的 UTM6203 电子万能试验机(图4.17-1)使用说明以及现行《建筑防水卷材试验方法 第8部分:沥青防水卷材 拉伸性能》(GB/T 328.8)进行操作和测试。原始标距用游标卡尺测量。

图 4.17-1 UTM6203 电子万能试验机

（2）测量模型。

最大峰时拉力 F：

$$F = F_{\max} \tag{4.17-1}$$

最大峰时延伸率 A：

$$A = \frac{L_u - L_0}{L_0} \times 100\% = \frac{\Delta L}{L_0} \times 100\% \tag{4.17-2}$$

式中：$F_{\max}$——最大峰时拉力(N)；

L_0——原始标距(mm)；

L_u——拉力最大峰时夹具间距离(mm)。

（3）评定不确定度分量。

根据试验过程及测量模型可以看出，现场测试的不确定度来源主要有最大峰拉力 $F_{\max}$ 测量引入的不确定度和计算最大峰时延伸率 A 所引入的不确定度，下面分别进行分析。

最大峰拉力 $F_{\max}$ 所引入的不确定度来源见表4.17-1。

最大峰拉力 $F_{\max}$ 测量所引入的不确定度来源　　　表4.17-1

序号	不确定度来源	符号	类别
1	测量设备的精度	$u_1(F)$	B
2	数字显示式仪器分辨力	$u_2(F)$	B
3	SBS防水卷材本身的不均匀性	$u_3(F)$	A
4	数值修约	$u(F_{rou})$	A

①试验机的精度引入的不确定度分量 $u_1(F)$。

计算如式(4.17-3)所示：

$$u_B = \frac{a}{k} \tag{4.17-3}$$

式中：a——被测量可能值区间的半宽度；

k——包含因子。

本次试验使用的试验设备为UTM6203电子万能试验机，检定合格，精度为1%，按照B类评定，可认为服从均匀分布，取 $k = \sqrt{3}$，因此：

$$u_B = \frac{a}{k} = \frac{1\%}{\sqrt{3}} = 0.577\%$$

$$u_1(F) = 0.577\% \times \overline{F}$$

②数字显示式仪器分辨力引入的不确定度分量 $u_2(F)$。

F_{max} 测量时分辨力为 0.001N,按照 B 类评定,可认为服从均匀分布,取 $k=\sqrt{3}$。

$$u_2(F) = \frac{a}{k} = 0.00029(\text{N})$$

③样品的不均匀性引入的不确定度分量 $u_3(F)$。

样品的不均匀性引入的不确定度分量采用 A 类评定方法进行,在实验室用同一台检测设备,相同测试条件下对同一类防水卷材进行 3 组测量结果,则合并样本标准差按下式计算:

$$s_p = \sqrt{\frac{\sum_{j=1}^{m}\sum_{i=1}^{n}(x_{ji}-\bar{x}_j)^2}{m(n-1)}} = \sqrt{\frac{\sum_{j=1}^{m}s_j^2(x_i)}{m}}$$

式中:s_p——合并样本标准差;

x_{ji}——第 j 组的第 i 次测量结果;

m——测试的组数;

n——测试次数;

$\bar{x}_j$——第 j 组的 n 个测量结果的平均值;

$s_j(x_i)$——第 j 组试验标准差。

试验进行的 3 组 SBS 防水卷材拉伸试验,每组得到纵向及横向最大峰拉力值各 5 个,见表 4.17-2、表 4.17-3。

SBS 防水卷材纵向最大峰拉力测量值(单位:N/50mm) 表 4.17-2

次数	不同组数下测量值		
	第 1 组	第 2 组	第 3 组
1	1303.2	1130.1	1315.2
2	1365.7	1211.0	1322.3
3	1271.4	1084.6	1305.3
4	1250.4	1075.3	1380.5
5	1245.3	1100.5	1318.6
$\bar{F}_{j,纵}$	1285	1120	1330
$\bar{s}_{j,纵}$	49.44	54.80	29.81

$$s_{p,F纵} = \sqrt{\frac{\sum_{j=1}^{m}s_{j,纵}^2(x_i)}{m}} = 46.0(\text{N})$$

SBS 防水卷材横向最大峰拉力测量值(单位:N/50mm)   表 4.17-3

次数	不同组下测量值		
	第 1 组	第 2 组	第 3 组
1	1041.7	1100.3	1131.5
2	1155.5	1015.3	1202.5
3	1064.6	1033.4	1130.4
4	1075.6	1098.2	1056.3
5	1023.9	1075.8	1100.6
$\bar{F}_{j,横}$	1070	1065	1125
$\bar{s}_{j,横}$	50.67	38.51	53.36

$$s_{p,F横} = \sqrt{\frac{\sum_{j=1}^{m} s_{j,横}^2(x_i)}{m}} = 48.0(\text{N})$$

因标准差 $s_{j,纵}$ 的标准差 $\hat{\sigma}(s_{j,纵}) = 13.2$,$\hat{\sigma}_{估}(s_{j,纵}) = 16.3$,标准差 $s_{j,横}$ 的标准差 $\hat{\sigma}(s_{j,横}) = 7.9$,$\hat{\sigma}_{估}(s_{j,横}) = 17.0$,则 $\hat{\sigma}(s_j) \leq \hat{\sigma}_{估}(s_j)$,表明测量状态稳定,$s_{p,F}$ 可用,自由度为 12。

在实际测量中以 5 次测量值($n' = 5$)作为测量结果,因此不确定度分量为:

$$u_3(F_纵) = \frac{s_{p,F纵}}{\sqrt{n'}} = 20.6(\text{N})$$

$$u_3(F_横) = \frac{s_{p,F横}}{\sqrt{n'}} = 21.5(\text{N})$$

④数值修约所引入的不确定度分量 $u(F_{rou})$。

对量值进行数字修约,修约间隔为 δ,其概率分布可估计为均匀分布,则修约带来的标准不确定度计算如式(4.17-4)所示:

$$u_B = \frac{\delta}{2\sqrt{3}} \qquad (4.17\text{-}4)$$

式中:δ——修约间隔;

u_B——修约不确定度。

现行《建筑防水卷材试验方法 第 8 部分:沥青防水卷材 拉伸性能》(GB/T 328.8)要求对最大峰拉力 F 修约到 5N,可用 B 类不确定度评定方法按下式计算:

$$u(F_{rou}) = 0.29\delta = 0.29 \times 5 = 1.45(\text{N})$$

由于试验机本身、样品的不均匀性、数值修约引入的不确定度分量之间完全独立,可以采用直接评定法合成最大峰拉力测量所引入的标准不确定度分量：

$$u_c(F) = \sqrt{u_1^2(F) + u_2^2(F) + u_3^2(F) + u^2(F_{rou})}$$

$$u_c(F_{纵}) = 21.9(\text{N})$$

$$u_c(F_{横}) = 22.4(\text{N})$$

最大峰时延伸率 A 所引入的不确定度来源见表4.17-4。

计算最大峰时延伸率 A 所引入的不确定度来源　　　表4.17-4

序号	不确定度来源	符号	类别
1	试样原始夹具间距测量	$u(L_0)$	B
2	夹具间距测量	$u(L_u)$	B
3	A 数值修约	$u(A_{rou})$	B

⑤标准规定试样的原始夹具间距引入的不确定分量 $u(L_0)$。

L_0 为 (200 ± 2) mm，不确定度分量按其最大允许偏差进行评定，最大允许偏差为 ± 2 mm，按照B类评定，可认为服从均匀分布，置信因子 k 为 $\sqrt{3}$，按下式计算：

$$u(L_0) = \frac{a}{k} = \frac{2}{\sqrt{3}} = 1.1(\text{mm})$$

⑥夹具间距测量引入的不确定度分量 $u(L_u)$。

试验机数字显示式仪器分辨力引入的不确定度分量。拉伸后的间距由UTM6203电子万能试验机测出，夹具间距测量时分辨率0.001mm，按照B类评定，可认为服从均匀分布，取 $k = \sqrt{3}$，可按下式计算：

$$u(L_u) = \frac{a}{k} = 0.00029$$

样品的不均匀性引入的不确定度分量。试验进行的3组SBS防水卷材拉伸试验，每组得到纵向及横向拉力最大峰时夹具间距的读数各5个，见表4.17-5、表4.17-6。

纵向拉力最大峰时夹具间距的读数(单位:mm)　　　表4.17-5

次数	不同组下测量值		
	第1组	第2组	第3组
1	310.4	314.7	300.5
2	292.3	308.8	310.4
3	308.6	308.6	304.3
4	314.5	302.1	292.7
5	306.8	304.4	298.2
标准差 $s_{j,L_u纵}$	8.45	4.83	6.63

横向拉力最大峰时夹具间距的读数(单位:mm)　　表 4.17-6

次数	不同组下测量值		
	第1组	第2组	第3组
1	326.6	334.5	316.7
2	304.6	318.3	330.5
3	316.5	322.5	318.9
4	326.4	324.2	300.4
5	316.3	314.1	312.7
标准差 $s_{j,L_u横}$	9.07	7.66	10.88

对其进行 A 类不确定度评定:

$$s_{p,L_u纵} = \sqrt{\frac{\sum_{j=1}^{m} s_{j,L_u纵}^2(x_i)}{m}} = 6.8(\text{mm})$$

$$s_{p,L_u横} = \sqrt{\frac{\sum_{j=1}^{m} s_{j,L_u横}^2(x_i)}{m}} = 9.3(\text{mm})$$

因标准差 $s_{j,L_u纵}$ 的标准差 $\widehat{\sigma}(s_{j,L_u纵}) = 1.8$,$\widehat{\sigma}_{估}(s_{j,L_u纵}) = \frac{s_{p,L_u纵}}{\sqrt{2(n-1)}} = 2.4$,标准差 $s_{j,L_u横}$ 的标准差 $\widehat{\sigma}(s_{j,L_u横}) = 1.6$,$\widehat{\sigma}_{估}(s_{j,L_u横}) = \frac{s_{p,L_u横}}{\sqrt{2(n-1)}} = 3.3$,则 $\widehat{\sigma}(s_j) \leqslant \widehat{\sigma}_{估}(s_j)$,表明测量状态稳定,$s_p$ 可用,自由度为 12。

在实际测量中是以 5 次测量值($n'=5$)作为测量结果,因此不确定度分量为:

$$u_2(L_{u纵}) = \frac{s_{p,L_u纵}}{\sqrt{n'}} = 3.0(\text{mm})$$

$$u_2(L_{u横}) = \frac{s_{p,L_u横}}{\sqrt{n'}} = 4.2(\text{mm})$$

由于试验机本身以及样品的不均匀性引入的不确定度分量之间完全独立,可以采用直接评定法合成拉力最大峰时夹具间距测量所引入的标准不确定度分量,按下式计算:

$$u(L_u) = \sqrt{u_1^2(L_u) + u_2^2(L_u)}$$

$$u(L_{u纵}) = 3.0(\text{mm})$$

$$u(L_{u横}) = 4.2(\text{mm})$$

由最大峰时延伸率 A 的测量模型可知,$\Delta L = L_u - L_0$,$u^2(\Delta L) = c_{L_u}^2 u^2(L_u) + c_{L_0}^2 u^2(L_0)$,可得:

$$u(\Delta L) = \sqrt{c_{L_u}^2 u^2(L_u) + c_{L_0}^2 u^2(L_0)} \qquad (4.17\text{-}5)$$

式中：c_{L_u}、c_{L_0}——灵敏系数，即 $\dfrac{\partial \Delta L}{\partial L_u}$、$\dfrac{\partial \Delta L}{\partial L_0}$。

$$u(\Delta L_\text{纵}) = 3.1(\text{mm})$$

$$u(\Delta L_\text{横}) = 4.2(\text{mm})$$

⑦最大峰时延伸率 A 数值修约引入的不确定度分量 $u(A_\text{rou})$。

现行 GB/T 328.8 对拉伸性能延伸率 A 的修约间隔为 1%，可用 B 类不确定度评定方法评定：

$$u(A_\text{rou}) = 0.29\delta = 0.29 \times 1\% = 0.29\%$$

(4)计算合成不确定度。

因 SBS 防水卷材最大峰拉力、夹具原始间距和最大峰时延伸率所引入的不确定度以及数值修约所引入的不确定度之间彼此独立不相关，因此：

$$u_c^2(y) = \sum_{i=1}^{N}\left(\frac{\partial f}{\partial x_i}\right)u_c^2(x_i) = \sum_{i=1}^{N} c_i \cdot u^2(x_i) = \sum_{i=1}^{N} u_i^2(y) \qquad (4.17\text{-}6)$$

式中：$u_c(y)$——合成标准不确定度；

y——被测量 Y 的估计值；

x_i——输入量 X_i 的估计值；

$\dfrac{\partial f}{\partial x_i}$——灵敏系数。

合成最大峰拉力的不确定度：

$$u_c(F_\text{纵}) = 21.9\text{N}$$

$$u_c(F_\text{横}) = 22.4\text{N}$$

合成最大峰时延伸率的不确定度：

$$u_c^2(A) = c_{L_u}^2 u^2(\Delta L) + c_{L_0}^2 u^2(L_0) + u^2(A_\text{rou})$$

由测量模型对各输入量求偏导数，可得相应的不确定度灵敏系数：

$$c_{\Delta L} = \frac{\partial A}{\partial \Delta L} = \frac{1}{L_0}$$

$$c_{L_0} = \frac{\partial A}{\partial L_0} = \frac{\overline{\Delta L}}{L_0^2}$$

将不确定度分量和不确定度灵敏系数代入计算公式：

$$u_c(A)_\text{纵} = \sqrt{\frac{1}{200^2} \times 3.1^2 + \left(-\frac{105}{200^2}\right)^2 \times 0.6^2 + 0.29\%^2} = 1.58\%$$

$$u_c(A)_{横} = \sqrt{\frac{1}{200^2} \times 3.1^2 + \left(-\frac{118}{200^2}\right)^2 \times 0.6^2 + 0.29\%^2}$$

$$= 1.59\%$$

(5)确定扩展不确定度。

取包含因子 $k=2$,则防水卷材拉伸性能检测结果的扩展不确定度为:

$$U(F) = ku_c(F)$$

$$U(A) = ku_c(A)$$

因此,$U(F)_{纵} = 43.8\text{N}$,$U(F)_{横} = 44.8\text{N}$,$U(A)_{纵} = 3.16\%$,$U(A)_{横} = 3.18\%$

(6)不确定度报告。

SBS 防水卷材的最大峰时拉力及最大峰时延伸率测量结果的不确定度报告如下:

$$F_{纵} = 1245\text{N}, U = 44\text{N}, k = 2$$

$$F_{横} = 1085\text{N}, U = 45\text{N}, k = 2$$

$$A_{纵} = 52\%, U = 3\%, k = 2$$

$$A_{横} = 59\%, U = 3\%, k = 2$$

4.18 板式橡胶支座抗压弹性模量检测结果的不确定度评定

弹性模量是工程材料重要的性能参数,从宏观角度来说,弹性模量是衡量物体抵抗弹性变形能力大小的尺度。弹性模量可视为衡量材料产生弹性变形难易程度的指标,其值越大,材料发生一定弹性变形的应力也越大,材料刚度相应越大,即在一定应力作用下,发生弹性变形越小。弹性模量是指材料在外力作用下产生单位形变所需要的应力。板式橡胶支座的抗压弹性模量是桥梁板式橡胶支座的重要性能检测指标之一,其检测结果的准确与否直接影响到支座上部结构的安全。

4.18.1 板式橡胶支座抗压弹性模量检测方法

(1)将试样置于试验机的承载板上,上下承载板与支座接触面不应有油渍;对准中心,精度应小于1%的试件短边尺寸或直径。缓缓加载至压应力 1.0MPa 且稳压后,在承载板四角对称安置四只位移传感器,确认无误后,开始预压。

(2)预压:将压应力以 $0.03 \sim 0.04\text{MPa/s}$ 的速率连续增至平均压力 σ 为 10MPa,持荷 2min,然后以相同速率将压应力卸至 1.0MPa,持荷 5min,记录初始值,绘制应力-应变图。预压三次。

(3)正式加载:每一加载循环自 1.0MPa 开始,将压应力以 0.03~0.04MPa/s 的速率均匀加载至 4MPa,持荷 2min 后,采集支座变形值,然后以同样速率每 2MPa 为一级逐级加载,每级持荷 2min 后,采集支座变形数据直至平均压应力 σ 为止,绘制的应力-应变图应呈线性关系,然后以同样速率卸载至压应力为 1.0MPa。加载过程连续进行三次,每一次间隔 10min。

(4)以承载板四角所测变化值的平均值,作为各级荷载下试样累计竖向压缩变形,按试样橡胶层的总厚度计算出在各级试验荷载作用下,试样的累计压缩应变。

4.18.2　试验用主要仪器设备

试验机级别为Ⅰ级,示值相对误差最大允许值为 ±1.0%,试验机正压力和水平力的使用宜在最大力值 20%~80% 范围内,其示值准确度和相关技术要求应符合现行《拉力、压力和万能试验机》(JJG 139)的规定。此外,试验机应具备以下功能:

(1)微机控制,能自动、平稳连续加载、卸载,且无冲击和颤动现象;

(2)自动持荷(试验荷载满负荷保持时间不少于 4h,且试验荷载的示值变动不应大于 0.5%);

(3)自动采集数据,自动绘制应力-应变图,自动储存试验原始记录及曲线图,自动打印结果。

4.18.3　检测结果的不确定度评定

(1)测量原理。

试验机以液压方式施加力值,采用闭环伺服控制技术,控制三套加力系统压向加力系统运动,通过测量控制系统测量支座的抗压模量。

(2)测量模型。

$$E_1 = (\sigma_{10} - \sigma_4)/(\varepsilon_{10} - \varepsilon_4) \tag{4.18-1}$$

式中:E_1——试样实测的抗压弹性模量计算值,精确至 1MPa;

σ_4、ε_4——第 4MPa 级试验荷载下的压应力和累计压缩应变值;

σ_{10}、ε_{10}——第 10MPa 级试验荷载下的压应力和累计压缩应变值。

每一块试样的抗压弹性模量 E_1 为三次加载过程所得的三个实测结果的算术平均值。但单项结果和算术平均值之间的偏差不应大于算术平均值的 3%,否则应对该试样复核试验一次。

（3）评定不确定度分量。

对现场测试的不确定度来源进行分析，如表 4.18-1 所示。

板式橡胶支座抗压弹性模量测试中引入的不确定度 表 4.18-1

序号	不确定度来源	符号	类别
1	$(\sigma_{10}-\sigma_4)$ 引入的不确定度	$u(\sigma_{10}-\sigma_4)_r$	B
2	$(\varepsilon_{10}-\varepsilon_4)$ 引入的不确定度	$u(\varepsilon_{10}-\varepsilon_4)_r$	B
3	试验环境引起的不确定度	$u(环)_r$	A
4	数据修约引起的不确定度	$u(\delta)_r$	B

①$(\sigma_{10}-\sigma_4)$ 引入的不确定度 $u(\sigma_{10}-\sigma_4)_r$。

试验机的精度为 Ⅰ 级，其最大允许示值误差为 ±1%，误差范围区间的半宽度为 1%，示值误差出现在区间 [-1.0%,+1.0%] 的概率服从均匀分布，包含因子 $k=\sqrt{3}$，则当试验机加压到 10MPa 应力所对应的承载力时产生的不确定度为：

$$u(F_{10})_r = \frac{1\%}{\sqrt{3}} = 5.8 \times 10^{-3}$$

F_{10} 为 10MPa 应力所对应的承载力。

同理当试验机加压到 4MPa 应力所对应的承载力时产生的不确定度为：

$$u(F_4)_r = \frac{1\%}{\sqrt{3}} = 5.8 \times 10^{-3}$$

F_4 为 4MPa 应力所对应的承载力。

则由分子引起的相对不确定度为：

$$u(F_{10}-F_4)_r = \sqrt{(5.8 \times 10^{-3})^2 \times 2} = 8.2 \times 10^{-3}$$

圆形板式橡胶支座的有效承压面积为 $A_0 = \frac{\pi d_0^2}{4}$（$d_0$ 为圆形支座加劲钢板直径，mm），已知所用游标卡尺的精度为 0.01mm，服从均匀分布，则使用游标卡尺引入的橡胶支座总厚度的不确定度为：

$$u(d_0) = \frac{0.01}{\sqrt{3}} = 5.8 \times 10^{-3} (\text{mm})$$

有效承压面积的不确定度为：

$$u(A_0) = 8.2 \times 10^{-3} (\text{mm})$$

若 $A = \pi \times 190 \times 190 = 28352.87(\text{mm})$，则 $u(A_0)_r = \frac{8.2 \times 10^{-3}}{28352.87} = 2.9 \times 10^{-7}$。

由 $(\sigma_{10}-\sigma_4) = (F_{10}-F_4)/A_0$ 可以得出：

$$u(\sigma_{10} - \sigma_4)_r = \sqrt{(8.2 \times 10^{-3})^2 + (2.9 \times 10^{-7})^2} = 8.2 \times 10^{-3}$$

② $(\varepsilon_{10} - \varepsilon_4)$ 引入的不确定度 $u(\varepsilon_{10} - \varepsilon_4)_r$。

橡胶的总高度的测量和橡胶内钢板尺寸的测量都会引入胶层总厚度的测量不确定度,所用游标卡尺的精度为 0.01mm,则使用游标卡尺引入的橡胶支座总厚度的不确定度为:$u(t) = \dfrac{0.01}{\sqrt{3}} = 5.8 \times 10^{-3}$mm,同理由游标卡尺引入的钢板厚度的不确定度为: $u(t_0) = \dfrac{0.01}{\sqrt{3}} = 5.8 \times 10^{-3}$mm,$t_0$ 为单层钢板厚度。由于 $t_e = t - nt_0$(t_e 为橡胶层总厚度),$n = 6$;则游标卡尺引入的橡胶层总厚度的不确定度为:

$$u(t_e) = \sqrt{(5.8 \times 10^{-3})^2 + (6 \times 5.8 \times 10^{-3})^2} = 3.5 \times 10^{-2} \text{mm}$$

百分表的示值误差为 0.01mm,服从均匀分布,则使用百分表引入的累计变形差值的不确定度为:

$$u(\Delta t) = \sqrt{2 \times (5.8 \times 10^{-3})^2} = 8.2 \times 10^{-3} \text{mm}$$

假定实测的累计变形差值为 0.45mm,橡胶层厚度为 29.96mm,则:

$$u(\varepsilon_{10} - \varepsilon_4)_r = \sqrt{(3.5 \times 10^{-2})^2 + (8.2 \times 10^{-3})^2} \times 0.45/29.96 = 5.4 \times 10^{-4}$$

③由试验环境引起的不确定度 $u(环)_r$。

在板式橡胶支座抗压弹性模量试验中,试验环境引起的不确定度主要有橡胶支座取样、试样尺寸、试验机、百分表、温度、湿度、持荷时间等。这些因素相互之间关系复杂,为能够较真实地反映试验室检测结果的测量不确定度,采用板式橡胶支座抗压弹性模量的实际检测数据,检测结果见表 4.18-2。

板式橡胶支座抗压弹性模量(单位:MPa)　　　　表 4.18-2

序号	1	2	3	平均值	方差
1	308	300	293	300	56.333
2	308	308	315	310	16.333
3	308	308	316	311	21.333
4	400	409	409	406	27.000
5	462	474	474	470	48.000
6	417	405	417	413	48.000
7	400	400	409	403	27.000
8	300	308	308	305	21.333
9	286	293	286	288	16.333

续上表

序号	1	2	3	平均值	方差
10	409	409	413	412	33.333
11	441	455	455	450	65.333
12	577	556	556	563	147.000

把以上数据代入公式得到橡胶支座抗压弹性模量的试验标准偏差 $s_p(E_1) = 6.629\text{MPa}$，实测 $E_1 = 400\text{MPa}$，$u(环)_r = \dfrac{6.629}{400} = 1.7 \times 10^{-2}$。

(4)抗压弹性模量修约引起的不确定度 $u(\delta)_r$。

根据规范要求，E_1 值准确值 1MPa，由数据修约引起的抗压弹性模量的标准不确定度为：

$$u(\delta) = \dfrac{1}{2\sqrt{3}} = 2.9 \times 10^{-1} (\text{MPa})$$

相对不确定度为：

$$u(\delta)_r = \dfrac{2.9 \times 10^{-1}}{400} = 7.2 \times 10^{-5}$$

(5)计算合成不确定度。

抗压弹性模量的合成不确定度为：

$$u(E_1)_{rc} = \sqrt{u(\sigma_{10} - \sigma_4)_r^2 + u(\varepsilon_{10} - \varepsilon_4)_r^2 + u(环)_r^2 + u(\delta)_r^2} = 1.9 \times 10^{-2}$$

(6)确定扩展不确定度。

取包含因子 $k = 2$，则板式橡胶支座抗压弹性模量检测结果的扩展不确定度为：

$$U(E_1)_r = 2 \times u(E_1)_{rc} = 3.8 \times 10^{-2}$$

$$\overline{E} = 400\text{MPa}, U(E_1) = 400 \times U(E_1)_r = 15(\text{MPa})$$

(7)不确定度报告。

$$U(E_1) = 15\text{MPa}, k = 2$$

4.19 锚具静载试验效率系数检测结果的不确定度评定

在给预应力混凝土结构施加预应力的过程中，无论是先张法对预应力钢筋的临时固定，还是后张法对预应力钢筋的永久性锚固，都需要有锚具或夹具，因此锚夹具是保证预应力混凝土结果安全可靠的关键之一，其必须满足受力安全可靠，预应力损失小，张拉锚固方便迅速等要求。锚夹具应具有可靠的锚固性能、足够的承载能力和良好的适用性，以保证充分发挥预应力筋的强度，并安全地实现预应力张拉作业。锚具的静载锚固性能试验是检测锚具质量最重要的试验，它能综合反映出锚板、夹片的硬度、强度、锚固能力方面的性能。

锚具静载锚固性能由预应力筋—锚具组装件的静载试验测定的锚具效率系数和达到实测极限拉力时组装件受力长度的总应变来确定。

4.19.1　锚具静载试验效率系数检测方法

根据现行《预应力筋用锚具、夹具和连接器》(GB/T 14370)进行了相关准备工作后，锚具静载试验效率系数与达到实测极限拉力时总应变试验方法如下：

(1)钢绞线、夹具、锚具安装时应保证顺直，不缠绕，在锚具和钢绞线上编号，一一对应。采用卡式千斤顶对钢绞线进行预紧，每根钢绞线的预紧力要一致，通过油压表进行控制，预紧力不得超过极限抗拉力的10%。

(2)打开电脑主机和控制器，启动锚固试验软件，点击试样，输入试样信息，包括试样面积、根数、极限抗拉力、计算长度。

(3)预紧之后选择有代表性的钢绞线和锚具，分别在两端量取其端部至垫板之间的距离，做好记录。

(4)在电脑上点击启动，切换到主曲线界面，手动控制送油阀加油，施加试验荷载的步骤为：按预应力钢材抗拉强度标准值的20%、40%、60%、80%，分4级等速加载，加载速度宜为100MPa/min左右。

(5)当加荷到80%时，持荷1h，随后用低于100MPa/min的加载速度缓慢加载至完全破坏，使荷载达到最大值，记录实际破坏抗拉力和总变形量，观察试件的破坏部位与形式。

(6)终止试验，并保存数据。

4.19.2　试验用主要仪器设备

静载锚固试验机的具体要求如下：

①最大试验力：6500kN；

②试验力测量范围及精度：50~6500kN；精度为±1%，试验机全程不分档；

③位移测量范围及精度：0~200mm；精度为±1% F.S；

④试样规格：ϕ9.50mm；ϕ11.10mm；ϕ12.70mm；ϕ15.24mm；ϕ17.8mm；ϕ21.6mm；

⑤试验能力:19孔锚具试验;

⑥试样的长度:大于3000mm;

⑦空心液压缸的行程:200mm;

⑧试验机主机形式:卧式;

⑨试验机的外形尺寸(长宽高):4500×1000×800mm。

4.19.3 检测结果的不确定度评定

(1)测量原理。

采用符合《锚具试验系统检定规程》[JJG(交通)162—2020]要求的静载锚固试验机和0~300mm的数显卡尺进行试验。试验对象是VLM15-7的锚具样品中三组组件装。

(2)测量模型。

锚具效率系数不确定度评定的测量模型为:

$$\eta_\alpha = \frac{F_{\alpha pu}}{F_{pm} \cdot \eta} \tag{4.19-1}$$

式中:η_α——锚具效率系数;

$F_{\alpha pu}$——预应力筋—锚具实测极限拉力(kN);

F_{pm}——预应力筋—锚具计算极限拉力(kN);

η——预应力筋效率系数;预应力筋1~5根时,为1;6~12根时,为0.99;13~19根时,为0.98;20根以上时,为0.97。

(3)评定不确定度分量。

①由静载锚固试验机引入的不确定度分量u_{r1}。

根据《锚具试验系统检定规程》[JJG(交通)162—2020],静载锚固试验机最大允许误差为±1.0%。计算示值误差的区间半宽度$a=1.0\%$,假设被测量值在区间内的概率分布为均匀分布,取$k=\sqrt{3}$。计算由静载锚固试验机引入的不确定度分量为:

$$u_{r1} = \frac{a}{k} = \frac{1.0\%}{\sqrt{3}} = 0.577\%$$

②由钢绞线引入的不确定度分量u_{r2}。

钢绞线按照现行《预应力混凝土钢绞线》(GB/T 5224)检测,其检测证书中给出测量标准不确定度为$U_r=1.0\%$,$k=2$。则由钢绞线引入的不确定度分量为:

$$u_{r2} = \frac{U_r}{k} = \frac{1.0\%}{2} = 0.5\%$$

③由温度变化引入的不确定度分量 u_{r3}。

随着温度的升高,钢绞线的强度会降低,而塑性增高。在 0～250℃范围内,其抗拉强度随温度的升高而升高,且在 0～50℃之间近似成比例关系。虽然检测锚具与相应钢绞线时存在一定温度差异,但是在室温下其比例关系 F/t 近似为零,因此温度变化产生的标准不确定度近似为 0。

(4)计算合成不确定度。

各不确定度分量间相互独立且不相关,计算合成不确定度 u_{rc}。

$$u_{rc} = \sqrt{u_{r1}^2 + u_{r2}^2} = \sqrt{0.577\%^2 + 0.5\%^2} = 0.76\%$$

(5)确定扩展不确定度。

取包含因子 $k=2$,则锚具静载试验效率系数检测结果的扩展不确定度为:

$$U_r = 2u_{rc} = 1.6\%$$
$$U = \bar{x} \cdot U_r = 0.961 \times 1.6\% = 0.015$$

(6)不确定度报告。

$$U = 0.015, k = 2$$

4.20 钢绞线应力松弛性能检测结果的不确定度评定

应力松弛的本质是金属材料在使用过程中,部分弹性形变转变为塑性形变,其弹性应力随之下降,而总的形变没有增加。预应力混凝土结构中,钢绞线在整个结构的使用中都处于受力状态,应力松弛关系到钢绞线应力在未来使用过程中的可能变化,如果忽略应力松弛性能,可能造成结果的安全问题,因此,应力松弛性能对于预应力混凝土用钢绞线非常重要。在对预应力混凝土用钢绞线进行应力松弛试验时,不论试验设备如何先进,试验方法如何完善,由于试验的不可重复性,以及材料本身组织的不均匀性,其试验结果依然会存在不确定性。

4.20.1 钢绞线应力松弛性能检测方法

根据现行《预应力混凝土用钢绞线》(GB/T 5224)8.4 中应力松弛性能试验的要求,钢绞线的应力松弛性能试验应按照现行《预应力混凝土用钢材试验方法》(GB/T 21839)中的等温松弛试验方法进行。等温应力松弛试验是在给定温度下(除另有其他规定外,通常为20℃),将试样保持一定长度($L_0 + \Delta L_0$),从初始力 F_0 开始,测定试样上力的变化见图 4.20-1,在给定时间内,力的损失表示为初始力的百分比。

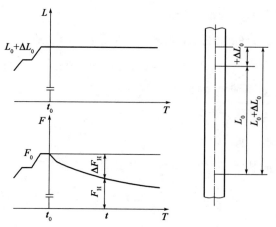

图 4.20-1　等温应力松弛试验原理

t-时间；L-试样长度；F-力；T-时间

等温应力松弛试验的具体方法如下：

(1)试样。

在试验前，应将试样至少在松弛试验室内放置 24h，试样应用夹具夹紧，以保证试样在加载和试验期间不产生任何滑动。

(2)加载。

在整个试验过程中，力的施加应平稳，无振荡。前 20% 的初始力可按需要加载。20%~80% 初始力应连续加载或者分为 3 个或多个均匀阶段加载，或以均匀的速率加载，并在 6min 内完成。当达到 80% 初始力后，应连续加载，并在 2min 内完成，加载速率为 (200 ± 50) MPa/min。当达到初始荷载时，力值应在 2min 内保持恒定，2min 后，应立即建立并记录 t_0。其后对力的任何调整只能用于保证 $(L_0 + \Delta L_0)$ 保持恒定。加载过程如图 4.20-2 所示。

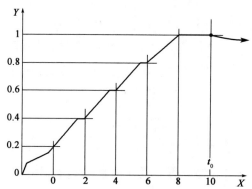

图 4.20-2　松弛试验中力的施加

X-时间(min)；Y-施加力与初始力的比值

(3)初始力的确定。

初始力按相关产品标准的规定。力值的测定值应符合表 4.20-1 规定的允许偏差。

初始力的测定偏差　　　　　　　　　　表 4.20-1

力值 F_0	F_0 的允许偏差	力值 F_0	F_0 的允许偏差
$F_0 \leq 1000\text{kN}$	±1%	$F_0 > 1000\text{kN}$	±2%

(4)试验过程中的力。

在任何时间,力均不允许超出表 2 给出的初始力 F_0 偏差范围。

(5)应变的保持。

在恒温松弛试验开始时间内,初始力 F_0 产生的应变应采用合适的机械、电子或光学引伸计测量,其测量精度与初始标距 L_0 测量精度相同,在测量期间,$\Delta L_0 / L_0$ 的变化范围不应超过 5×10^{-5}。

(6)温度。

试验室的温度及试样的温度应保持在 (20 ± 2) ℃ 范围内。

(7)力值记录频率。

试验开始后,至少按照表 4.20-2 给出的标准时间间隔连续记录或测量力的损失,然后至少每周测量或记录一次。

初始力测定的标准时间间隔　　　　　　　表 4.20-2

分(min)	1	2	4	8	15	30	60
小时(h)	2	4	6	24	48	96	120

(8)试验时间。

试验的时间应不少于 120h,通常试验时间为 120h 或 1000h。1000h(大于 1000h)的应力松弛值可以用不少于 120h 的松弛试验值进行外推,但应提供充分证据证明外推 1000h(大于 1000h)的松弛值与实测 1000h(大于 1000h)的松弛值相当,在这种情况下,试验报告中应注明外推方法。

目前的外推方法按照式(4.20-1)计算。

$$\lg\rho = m\lg t + n \tag{4.20-1}$$

式中:ρ——松弛率(%);

t——时间(h);

m、n——系数。

4.20.2 试验用主要仪器设备

(1)机架。

机架的任何变形都应处于不影响试验结果的极限之内。

(2)测力装置。

①可以使用同轴测量传感器或其他合适的装置(例如:杠杆式加载系统)。

②测力传感器应按照现行《静力单轴试验机的检验 第1部分:拉力和(或)压力试验机测力系统的检验与校准》(GB/T 16825.1),其在不大于1000kN时为±1%,在大于1000kN时为±2%。任何其他合适的装置应具有与上述测力传感器测定相同的精度的能力。

③力的测量装置的输出分辨率应小于$5 \times 10^{-4} F_0$。

(3)长度的测量装置(引伸计)。

①标距L_0不小于200mm,尤其对钢绞线,当测量钢绞线中同一根钢丝的实际长度为$(L_0 + \Delta L_0)$时,其标距宜为1000mm或者为钢绞线捻距的整数倍。

②引伸计准确度等级应为1级。

(4)夹持装置。

夹持装置应保证试样在试验期间不产生滑动和转动。

(5)加载装置。

加载装置应对试样平稳加载,不能有振荡。在试验过程中,随着试样上力的减少,加载装置应保证试样的长度$(L_0 + \Delta L_0)$保持在$\Delta L_0 / L_0$的变化范围内,不应超过5×10^{-5}。

4.20.3 检测结果的不确定度评定

(1)测量原理。

按照现行《预应力混凝土用钢材试验方法》(GB/T 21839)和现行《预应力混凝土用钢绞线》(GB/T 5224)的试验方法和要求,对1×7-15.20-1860级预应力混凝土用钢绞线进行应力松弛试验。保持环境温度为(20 ± 2)℃,采用300kN应力松弛试验机,将试样轴向拉升加载至初始试验力$F_0 = 182000\text{N}$(实际最大力的70%),保持试样应变恒定,试验时间$t = 1000\text{h}$,应力松弛试验参数为剩余试验力$F_t = 177740\text{kN}$,松弛率$R = 2.3\%$。

(2)测量模型。

钢绞线应力松弛性能检测结果测量不确定度评定的测量模型为:

$$R = \frac{F_0 - F_t}{F_0} \times 100\% \quad (4.20\text{-}2)$$

式中：R——应力松弛率；

F_0——初始试验力（kN）；

F_t——t 时刻剩余试验力（kN）。

（3）评定不确定度分量。

①由松弛试验机引入的不确定度分量 u_{r1}。

松弛试验机的精度为 1 级，其最大允许误差为 ±1%，误差范围区间的半宽度为 $a = 1.0\%$，示值误差出现在区间 [-1.0%，+1.0%] 的概率是均匀的，并满足矩形分布，所以包含因子 $k = \sqrt{3}$。松弛试验机引入的不确定度分量为：

$$u_{r1} = \frac{a}{\sqrt{3}} = \frac{1.0\%}{\sqrt{3}} = 0.5774\%$$

②由计算机数据采集系统引入的不确定度分量 u_{r2}。

根据现行《万能试验机计算机数据采集系统评定》（JJF 1103）中的规定，一台合格的计算机数据采集系统所引入的相对标准不确定度为 $u_{r2} = 0.2\%$，该结果直接引用即可。

③由环境温度波动引入的不确定度分量 u_{r3}。

根据现行《预应力混凝土用钢材试验方法》（GB/T 21839）以及仪器设备说明书的要求，试验环境温度为 (20 ± 2)℃，本次试验严格控制环境温度，最大温差 $\Delta T_{max} = 2$℃，考虑到试验过程中试样的变形基本可以视为弹性变形，不考虑材料弹性模量 E 的变化，则：

$$\begin{aligned}\Delta F &= E \cdot \Delta \varepsilon_{max} \cdot A \\ \Delta \varepsilon_{max} &= \alpha \cdot \Delta T_{max}\end{aligned} \quad (4.20\text{-}3)$$

式中：ΔF——试验力波动最大值（N）；

$\Delta \varepsilon_{max}$——最大应变波动；

α——热膨胀系数 [mm/(mm·℃)]，取 12.2×10^{-6} mm/(mm·℃)；

ΔT_{max}——温度变化最大值，℃，取 2℃；

A——试样受力面积（mm²），取 140mm²；

E——弹性模量（MPa），取 1.95×10^5 MPa。

考虑由温度变化引入的分布为反正弦分布，取 $k = \sqrt{2}$，计算由温度引入的相对标准不确定度为：

$$u_{r3} = \frac{1.95 \times 10^5 \times 12.2 \times 10^{-6} \times 2 \times 140}{\sqrt{2} \times 182000} = 0.259\%$$

④由变形控制波动引入的不确定度分量 u_{r4}。

该试验系统变形恒定控制采用的引伸计分辨力为 0.005mm，按照均匀分布考虑，试验控制标距为 1000mm，则由胡克定律，通过 $\Delta F = E \cdot \Delta \varepsilon \cdot A$，估算其引起的变化为：

$$\Delta F_2 = \frac{0.005 \times 1.95 \times 10^5 \times 140}{1000 \times \sqrt{3}} = 80(\text{N})$$

计算由变形控制波动引入的不确定度分量：

$$u_{r4} = \frac{\Delta F_2}{18200} \times 100\% = \frac{80}{18200} \times 100\% = 0.439\%$$

⑤由数据修约引入的不确定度分量 u_{r5}。

根据现行《预应力混凝土用钢绞线》(GB/T 5224) 的规定，松弛率试验修约单位为 0.1%。根据现行《测量不确定度评定与表示》(JJF 1059.1)，由数据修约引入的标准不确定度为 0.29 个修约单位，即 0.029%，该试验结果为 2.3%，则由数据修约引入的不确定度分量为：

$$u_{r5} = \frac{0.029\%}{2.3\%} = 1.26\%$$

（4）计算合成不确定度。

由于初始力与 t 时刻剩余试验力均由同一松弛试验机采集得到，假设二者为正相关，则由试验力引入的不确定度为：

$$u_{rF} = 2(u_{r1} + u_{r2}) = 2 \times (0.5774\% + 0.2\%) = 1.56\%$$

假设由试验力引入的不确定度分量、由环境温度波动引入的不确定度分量、由变形控制波动引入的不确定度分量、由数据修约引入的不确定度分量相互间独立且不相关，计算合成不确定度 u_{rc}。

$$u_{rc} = \sqrt{u_{Rf}^2 + u_{r3}^2 + u_{r4}^2 + u_{r5}^2}$$

$$= \sqrt{1.56\%^2 + 0.259\%^2 + 0.439\%^2 + 1.26\%^2} = 2.1\%$$

（5）确定扩展不确定度。

取包含因子 $k = 2$，则钢绞线松弛性能检测结果的扩展不确定度为：

$$U_r = 2u_{rc} = 4.2\%$$

$$U = \bar{x} \cdot U_r = 2.3\% \times 4.2\% = 0.1\%$$

（6）不确定度报告。

$$U = 0.1\%, k = 2$$

4.21 钢筋拉伸强度检测结果的不确定度评定

钢筋作为工程建设中常见的建筑材料,要保证工程质量的安全,在工程建设前,钢筋必须经过严格的检测,经检测合格后才能投入使用。抗拉强度是钢筋的基本力学性质,测定钢筋的实际直径、屈服强度、抗拉强度、伸长率、拉应力与应变之间关系,承受规定弯曲程度的变形能力,为确定和检验钢材的力学及工艺性能提供依据。

4.21.1 钢筋抗拉强度检测方法

根据现行《金属材料 拉伸试验 第1部分:室温试验方法》(GB/T 228.1)进行了相关准备工作后,试验方法如下:

(1)用拉力拉伸试验,一般拉至断裂,测量屈服强度。

(2)除非另有规定,试验应在10~35℃的室温进行。对于室温不满足上述要求的实验室,应评估此类环境条件下运行的试验机对试验结果的影响。当试验超过10~35℃的要求时,应记录和报告温度。如果在试验过程中存在较大温度梯度,测量不确定度可能上升以及可能出现超差情况。

(3)试样的形状与尺寸取决于被试验金属产品的形状与尺寸,试样应进行标距。

(4)设定试验力零点:在试验加载链装配完成后,试样两端被夹持之前,应设定力值测量系统的零点。一旦设定了力值零点,在试验期间力值测量系统不应再发生变化。

(5)试样的夹持方法:应使用例如楔形夹具、螺纹夹具、平推夹具、套环夹具等合适的夹具夹持试样。宜确保夹持的试样受轴向拉力的作用,尽量减少弯曲。

4.21.2 试验用主要仪器设备

(1)试验机:测力系统应满足现行《静力单轴试验机的检验 第1部分:拉力和(或)压力试验机测力系统的检验与校准》(GB/T 16825.1)要求,并按照现行《拉力、压力和万能试验机》(JJG 139)、现行《电子式万能试验机》(JJG 475)或现行《电液伺服万能试验机》(JJG 1063)进行校准,并且其准确度应为1级或优于1级。

(2)引伸计:准确度级别应符合现行《金属材料 单轴试验用引伸计系统的标定》(GB/T 12160)的要求,并按照现行《引伸计》(JJG 762)进行校准。测定上屈服强度、下屈服强度、屈服点延伸率、规定塑性延伸强度、规定总延伸强度、规定残余延伸强度,以及规定残余延伸强度的验证试验,应使用1级或优于1级准确度的引伸计;测定其他具有较大延伸率(延伸率大于5%)的性能,例如抗拉强度、最大力总延伸率、最大力塑性延伸率、断裂总延伸率,以及断后伸长率,可使用2级或优于2级准确度的引伸计。

(3)千分尺。

4.21.3 检测结果的不确定度评定

(1)测量原理。

金属试件的横截面积为圆形。抗拉强度以试验过程中试件断裂时的最大作用力除以界面面积来表示。

(2)测量模型。

抗拉强度不确定度评定的测量模型为:

$$R_m = \frac{F}{A} = \frac{4F}{\pi d^2} \tag{4.21-1}$$

式中:R_m——拉伸强度(0.1mm);

F——试件断裂时的拉力(kN);

d——试件直径(mm);

A——试件截面积(mm^2)。

(3)评定不确定度分量。

①由拉力测量引入的不确定度分量 u_{rF}。

拉力 F 的测量不确定度来源于仪器校准的不确定度、仪器的测量不确定度和读数不确定度三方面。

a.仪器校准的不确定度 u_{r1}。

仪器校准的扩展不确定度为 $U_{95} = 0.2\%$,以正态分布估计,标准不确定度为:

$$u_{r1} = \frac{0.2\%}{2} = 0.1\%$$

b.仪器的测量不确定度 u_{r2}。

仪器的测量不确定度为 $U_{95} = 1.0\%$,以正态分布估计,标准不确定度为:

$$u_{r2} = \frac{1.0\%}{2} = 0.5\%$$

c.读数不确定度 u_{r3}。

采用满刻度为200kN,分度值为0.5kN的指针式拉力测量仪器,假设读数引入的最大误差为五分之一分度,即 ±0.1kN,依据相对值估计即为 ±0.05%。由于被测件不一定在满刻度处断裂,并且在选择仪器的测量范围时通常使断裂时指针的位置不小于满刻度的五分之一。假设测量时断裂发生在该处,即测得试件断裂时的拉力为 40kN,则 ±0.1kN 即相当于 ±0.25%。假定其为均匀分布,故标准不确定度为:

$$u_{r3} = \frac{0.25\%}{\sqrt{3}} = 0.144\%$$

则由拉力测量引入的不确定度为:

$$u_{rF} = \sqrt{u_{r1}^2 + u_{r2}^2 + u_{r3}^2} = \sqrt{0.1\%^2 + 0.5\%^2 + 0.144\%^2} = 0.53\%$$

② 由直径测量引入的不确定度分量 u_{rd}。

被测试件标称直径 10mm,直径测量的不确定度由两部分组成:千分尺示值误差导致的不确定度和操作者所引入的测量不确定度。

a. 千分尺示值误差导致的不确定度 u_4。

假设千分尺的最大允许误差为 ±3μm,以均匀分布估计,标准不确定度为:

$$u_4 = \frac{3\mu m}{\sqrt{3}} = 1.73(\mu m)$$

b. 操作者所引入的测量不确定度 u_5。

根据经验估计,由操作者引入的测量误差在 ±10μm 范围内,以均匀分布估计,则:

$$u_5 = \frac{10\mu m}{\sqrt{3}} = 5.77(\mu m)$$

两者合成后,得到直径测量的标准不确定度为:

$$u_{rd} = \frac{\sqrt{1.73^2 + 5.77^2}}{10} \times 100\% = \frac{6.02}{10} \times 100\% = 0.06\%$$

(4) 计算合成不确定度。

各不确定度分量间相互独立且不相关,计算合成不确定度 u_{rc}。

$$u_{rc} = \sqrt{u_{rF}^2 + u_{rd}^2} = \sqrt{0.53\%^2 + 0.06\%^2} = 0.54\%$$

(5) 确定扩展不确定度。

取包含因子 $k=2$,则钢筋拉伸强度检测结果的扩展不确定度为:

$$U_r = 2u_{rc} = 1.1\%$$

$$U = \frac{4F}{\pi d^2} \cdot U_r = \frac{4 \times 40 \times 10^3}{\pi \times 10^2} \times 1.1\% = 5.6(N/mm)^2$$

(6) 不确定度报告。

$$U = 5.6 N/mm^2, k = 2$$

4.22 混凝土氯离子含量检测结果的不确定度评定

氯离子是诱发钢筋锈蚀的重要因素,为了避免钢筋过早锈蚀,混凝土原材料中氯离子含量的控制相当严格。我国相关规范明确要求混凝土在选配砂子、集料、水泥、外加剂、拌和水等混凝土原材料的时候,必须进行氯离子含量的测试,从根本上避免将过量氯离子带入混凝土中。结构混凝土中氯离子含量的测试,对于结构安全性的评估作用很大,同时为旧结构的改造和修补提供参考。

4.22.1 混凝土氯离子含量检测方法

(1)称取5g试样(称准至0.0001g),置于具塞磨口锥形瓶中,加入250.0mL水,密塞后剧烈振摇3~4min,置于电振荡器上振荡浸泡6h,以快速定量滤纸过滤;

(2)用移液管吸取50mL滤液于烧杯中,滴加酚酞指示剂2滴,加入硝酸溶液(1+3)滴至红色刚好褪去,再加10mL淀粉溶液(10g/L),以216型银电极作指示电极,217型双盐桥饱和甘汞电极作参比电极,用标准硝酸溶液滴定,并按现行《化学试剂 电位滴定法通则》(GB/T 9725)的规定,以二级微商法确定硝酸银溶液所用体积;

(3)同时进行空白试验。

4.22.2 试验用主要仪器设备

(1)试样制备应符合下列要求:

①将混凝土试样(芯样)破碎,剔除石子;

②将试样缩分至30g,研磨至能全部通过0.08mm的筛;

③用磁铁吸出试样中的金属铁屑;

④将试样置于烘箱中以105~110℃烘至恒重,取出后放入干燥器中冷却至室温。

(2)混凝土中氯离子含量测定所需仪器如下:

①酸度计或电位计:应具有0.1pH单位或10mV的精确度;精确的试验应采用具有0.02pH单位或2mV精确度的仪器;

②216型银电极;

③217型双盐桥饱和甘汞电极;

④电磁搅拌器;

⑤电振荡器;

⑥滴定管(25mL);

⑦移液管(10mL)。

(3)混凝土中氯离子含量测定所需试剂如下:

①硝酸溶液(1+3);

②酚酞指示剂(10g/L);

③硝酸银标准溶液;

④淀粉溶液。

(4)硝酸银标准溶液的配制:称取1.7g硝酸银(称准至0.0001g),用不含氯离子的水溶解后稀释至1L,混匀,贮于棕色瓶中。

4.22.3 检测结果的不确定度评定

(1)测量原理。

现场测试根据所用到的氯离子含量快速测定仪使用说明进行操作和测试,氯离子含量快速测定仪利用氯离子选择电极标准曲线法测定样品中的氯离子含量。

(2)测量模型。

$$W_{cl^-} = \frac{m_{(NaCl)} \times V_1 \times V_2 \times V_3 \times 3.545}{m_s \times V_4 \times V_5 \times V_6 \times 0.05844} \tag{4.22-1}$$

式中:W_{cl^-}——混凝土中氯离子含量;

$m_{(NaCl)}$——氯化钠的质量(g);

V_1——滴定样品消耗的硝酸银溶液(mL);

V_2——移液管吸取的滤液体积(mL),取50.00mL;

V_3——浸泡样品的水体积(mL),取250.0mL;

V_4——吸取氯化钠标准溶液体积(mL),取25.00mL;

V_5——标定时消耗的硝酸银溶液(mL);

V_6——氯化钠标准溶液的定容体积(mL),取1000.00mL;

m_s——混凝土试样的质量(g)。

(3)评定不确定度分量。

①由氯化钠质量$m_{(NaCl)}$引入的相对不确定度u_{r1}。

由万分之一天平检定证书得到,称量的允许误差为±0.001g,按均匀分布考虑,则称量的不确定度为:

$$u[m_{(NaCl)}]_1 = \frac{0.001}{\sqrt{3}} = 0.000577(g)$$

由基准氯化钠产品标准得到基准氯化钠的纯度为 99.995% ±0.005%,考虑基准氯化钠的纯度符合正态分布,置信水平 $p = 95\%$,k 取 1.96,则基准氯化钠纯度的不确定度为:

$$u_r[m_{(NaCl)}]_2 = \frac{0.005}{1.96} = 0.00255\%$$

根据合成不确定度的计算,得到氯化钠的质量 $m_{(NaCl)}$ 的相对不确定度为:

$$u_{r1} = \sqrt{\left(\frac{0.000577}{0.6} \times 100\right)^2 + 0.00255^2} = 0.096\%$$

②由标准溶液定容体积 V_6 引入的不确定度 u_{r2}。

由 1000mL 的容量瓶给出的允许误差为 ±0.40mL,按均匀分布考虑,容量瓶带来的不确定度为:

$$u(V_6)_1 = \frac{0.40}{\sqrt{3}} = 0.231(\text{mL})$$

设实际使用温度与校准温度的变化范围为 ±3℃,则温度变化带来的不确定度为:

$$u(V_6)_2 = 3 \times 2.1 \times 10^{-4} \times 1000 = 0.630 \text{mL}$$

定容操作的相对不确定度为:

$$u_{r2} = \frac{\sqrt{0.231^2 + 0.630^2}}{1000} \times 100 = 0.067\%$$

③由移液管体积 V_2 引入的不确定度 u_{r3}。

50mL 移液管证书给出的允许误差为 ±0.05mL,按均匀分布考虑,设实际使用温度与校准温度的变化范围为 ±3℃,则由移液管体积 V_2 引入的不确定度为:

$$u_{r3} = \frac{\sqrt{\left(\frac{0.05}{\sqrt{3}}\right)^2 + (3 \times 2.1 \times 10^{-4} \times 50)^2}}{50} \times 100 = 0.085\%$$

④由量筒体积 V_3 引入的不确定度 u_{r4}。

250mL 量筒证书给出的允许误差为 ±1.00mL,按均匀分布考虑,设实际使用温度与校准温度的变化范围为 ±3℃,则由量筒体积 V_3 引入的不确定度为:

$$u_{r4} = \frac{\sqrt{\left(\frac{1.00}{\sqrt{3}}\right)^2 + (3 \times 2.1 \times 10^{-4} \times 250)^2}}{250} \times 100 = 0.239\%$$

⑤由移液管体积 V_4 引入的不确定度 u_{r5}。

25mL 移液管证书给出的允许误差为 ±0.02mL,按均匀分布考虑,设实际使用温度与校准温度的变化范围为 ±3℃。

$$u_{r5} = \frac{\sqrt{\left(\frac{0.020}{\sqrt{3}}\right)^2 + (3 \times 2.1 \times 10^{-4} \times 25)^2}}{25} \times 100 = 0.078\%$$

⑥由滴定体积 V_1 引入的不确定度 u_{r6}。

25mL 滴定管证书给出的允许误差为 ±0.05mL,按均匀分布考虑,设实际使用温度与校准温度的变化范围为 ±3℃,则由滴定体积 V_1 引入的不确定度为:

$$u_{r6} = \frac{\sqrt{\left(\frac{0.050}{\sqrt{3}}\right)^2 + (3 \times 2.1 \times 10^{-4} \times 25)^2}}{0.95} \times 100 = 3.46\%$$

⑦由滴定体积 V_5 引入的不确定度 u_{r7}。

50mL 滴定管证书给出的允许误差为 ±0.05mL,按均匀分布考虑,设实际使用温度与校准温度的变化范围为 ±3℃。

$$u_{r7} = \frac{\sqrt{\left(\frac{0.050}{\sqrt{3}}\right)^2 + (3 \times 2.1 \times 10^{-4} \times 50)^2}}{25.2} \times 100 = 0.169\%$$

⑧由混凝土试样的质量 m_s 引入的不确定度 u_{r8}。

由万分之一天平检定证书得到,称量的允许误差为 ±0.001g,按均匀分布考虑,混凝土试样的质量 m_s 的相对不确定度为:

$$u_{r8} = \frac{0.001}{5.1024 \times \sqrt{3}} \times 100 = 0.011\%$$

(4)计算合成不确定度。

各不确定度分量间相互独立且不相关,计算合成不确定度。

$$u_{rc} = \sqrt{u_{r1}^2 \times u_{r2}^2 \times u_{r3}^2 \times u_{r4}^2 \times u_{r5}^2 \times u_{r6}^2 \times u_{r7}^2 \times u_{r8}^2} = 3.47\%$$

(5)确定扩展不确定度。

取包含因子 $k=2$,则混凝土氯离子含量检测结果的扩展不确定度为:

$$U_r = 2 \times u_{rc} = 6.94\%, k = 2$$

(6)不确定度报告。

用实例来分析混凝土中氯离子检测的不确定度,硝酸银标准溶液的浓度为 0.01018mol/L,滴定样品消耗的硝酸银溶液体积为 0.95mL,样品质量为 5.1024g,经计算混凝土中的氯离子含量为 0.034%。

$$U = 0.034\% \times 6.94\% = 0.002\%, k = 2$$

4.23 混凝土电阻率检测结果的不确定度评定

混凝土中钢筋的腐蚀是一个电化学过程,它产生电流使金属离解,电阻率越低,腐蚀电流流过混凝土就越容易,腐蚀的可能性就越大,因此测量混凝土的电阻率可以有效评价其抗腐蚀能力和评估现有钢筋的腐蚀程度。并且通过测定混凝土电阻率,可以推断出混凝土拌合物的某些性能;还可以通过混凝土试块的电阻率之间的差异来判断是否有对混凝土进行较好的养护。

4.23.1 混凝土电阻率检测方法

现场测试根据所用到的混凝土电阻率测定仪使用说明进行操作和测试,如下:

混凝土电阻率测试仪测量原理如图4.23-1所示,其测试方法较为简单,能够很快速地进行表面电阻率的测量,方法是将混凝土电阻率测试仪四个探头的间距调整好后,将四个接触探头同时置于被测结构表面,因为探头装有弹簧可以轻微按压使探头与表面更好地接触,随后即可在测试仪上读取相应的电阻率值。

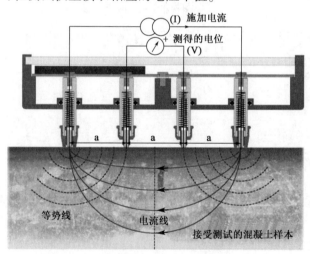

图4.23-1 混凝土电阻率测试仪测量原理

4.23.2 试验用主要仪器设备

混凝土电阻率测试仪:用于测量混凝土或岩石的电阻率。对两个外部探头施加电流,并测量两个内部探头之间的潜在差异。电流通过孔液中的离子承载。计算出的电阻率取决于探头的间距。技术指标如下:

(1)范围:0.1~大约1000kΩ·cm(取决于探头间距);

(2)分辨率(标称电流200μA):±0.2kΩ·cm 或 ±1%(取二者中的较大值);

(3)分辨率(标称电流50μA):±0.3kΩ·cm 或 ±2%(取二者中的较大值);

(4)分辨率(标称电流小于50μA):±2kΩ·cm 或 ±5%(取二者中的较大值);

(5)频率:40Hz。

4.23.3 检测结果的不确定度评定

(1)测量原理。

混凝土电阻率测定仪采用电位测量原理,通过温纳阵列探头检测混凝土结构物表面的电阻率。

(2)测量模型。

采用静态应变测试系统进行现场测试时,测试结果的测量模型为:

$$\rho_0 = \rho_1 + \Delta x \tag{4.23-1}$$

式中:ρ_0——混凝土电阻率的标准值(kΩ·cm);

ρ_1——混凝土电阻率的测量值(kΩ·cm);

Δx——其他因素的影响值。

(3)评定不确定度分量。

对现场测试的不确定度来源进行分析,不确定度来源如表4.23-1所示。

混凝土电阻率测试仪现场测试中的不确定度来源　　　表4.23-1

序号	不确定度来源	符号	类别
1	由测量重复性引入的不确定度	u_1	A
2	由测量仪器引入的不确定度	u_2	B

针对每一项不确定度来源进行标准不确定度的计算:

①由测量重复性引入电阻率值的不确定度 u_1。

选择电极间距5cm,采用混凝土电阻率测试仪对混凝土结构表面进行连续10次重复测量,得到的数据如表4.23-2所示。

重复性测量数据(单位:kΩ·cm)　　　表4.23-2

桩号	1	2	3	4	5	6	7	8	9	10
电阻率值	123	113	114	113	116	114	109	122	110	128
平均值 $\bar{x}$	116.2									
标准差 s	6.143									

$$u_1 = \frac{6.143}{\sqrt{10}} = 1.943(\text{kΩ·cm})$$

②由测量仪器引入的不确定度 u_2。

分辨率(标称电流小于 $50\mu A$): $\pm 2k\Omega\cdot cm$ 或 $\pm 5\%$(取二者中的较大值)。这一误差在此区间内均匀分布,采用 B 类评定方法,$k=\sqrt{3}$,则:

$$u_2 = \frac{2}{\sqrt{3}} = 1.547(k\Omega\cdot cm)$$

(4)计算合成不确定度。

各不确定度分量间相互独立且不相关,计算合成不确定度。

$$u_c = \sqrt{u_1^2 + u_2^2} = 2.26(k\Omega\cdot cm)$$

(5)确定扩展不确定度。

取 $k=2$,混凝土电阻率测试仪测试结果的扩展不确定度为:

$$U = 2\times u_c = 4.5(k\Omega\cdot cm)$$

(6)不确定度报告。

$$U = 4.5 k\Omega\cdot cm, k = 2$$

4.24 混凝土钢筋锈蚀电位检测结果的不确定度评定

钢筋的锈蚀一般为电化学锈蚀,钢筋在混凝土中的腐蚀是在氧、水分子存在条件下的一种特定的电化学腐蚀,即钢筋中的铁分子某一部分失去电子成为阳极,钢筋的另一部分成为阴极接收电子,出氢氧根,具有不同电极电位的钢筋与电解质溶液形成微电池,从而形成了浓度差电流。在阳极铁离子进入电解质溶液,与氧、水分子发生化学反应,生成氢氧化亚铁,氢氧化铁等腐蚀物。影响混凝土中钢筋锈蚀的因素主要有混凝土材料本身(如:含水率、水灰比、孔隙率、添加剂、养护试件、浇筑方式、施工过程等)、混凝土的保护层厚度、混凝土的密实度、混凝土碳化情况、混凝土结构有裂缝、结构中有外露的钢筋头、氯离子的影响、以及环境条件(如:温度、湿度、二氧化碳的浓度、氧气的浓度以及侵蚀性介质的浓度)。半电池电位法是利用混凝土中钢筋锈蚀的电化学反应引起的电位变化来测定钢筋锈蚀状态的一种方法,它的原理是通过测定钢筋/混凝土半电池电极与在混凝土表面的铜/硫酸铜参考电极之间电位差的大小,评定混凝土中锈蚀活化程度。

4.24.1 混凝土钢筋锈蚀电位检测方法

现场测试根据所用到的钢筋锈蚀仪使用说明以及《水运工程混凝土试验检测技术规范》(JTS/T 236—2019)进行操作和测试,如下:

工作原理是混凝土中钢筋的锈蚀是一种金属铁氧化的电化学过程,钢筋锈蚀使钢筋形成局部电池,而在钢筋周围形成电位差,测量混凝土表面相对于钢筋的电位或测量表面的电位梯度,根据钢筋锈蚀过程中产生的电位大小或形成的电位梯度大小判断钢筋是否锈蚀或锈蚀程度。测试方法首先是进行测区测点的布置以及仪器设备的连接,示意图如图4.24-1所示,随后对仪器参数进行设置,布置好电极后,便可操作仪器进行锈蚀电位的检测和数据记录。

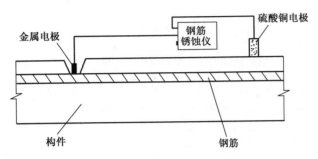

图 4.24-1　电位测量现场连接图

4.24.2　试验用主要仪器设备

钢筋锈蚀仪:一般配备一个金属电极,一个硫酸铜电极,金属电极与钢筋连接(需凿开混凝土保护层),硫酸铜电极在混凝土表层测量。仪器除具有上述这种功能外,还配备了两个硫酸铜电极,可进行电位梯度测量。技术指标如下:

(1)测量电位:±999mV;

(2)测量精度:±1mV;

(3)数据存储:228000个测量数据;

(4)测量面积:点距5cm 面积91.2m^2;点距10cm 面积364.8m^2;

(5)点距设置:(1~55)cm 可选;

(6)使用环境:环境温度:0~40℃;相对湿度:<85%。

4.24.3　检测结果的不确定度评定

(1)测量原理。

钢筋锈蚀仪采用半电池电位法来判断钢筋的锈蚀程度。当稳定的铜/硫酸铜溶液半电池与钢筋/混凝土半电池构成一个全电池系统时,混凝土中钢筋因发生锈蚀产生的电位变化会引起全电池电位的变化,钢筋锈蚀仪测得的电位值即可表示钢筋的锈蚀程度。

（2）测量模型。

采用静态应变测试系统进行现场测试时,测试结果的测量模型为:

$$Z_0 = Z_1 + \Delta_x \tag{4.24-1}$$

式中:Z_0——锈蚀电位的标准值(mV);

Z_1——锈蚀电位的测量值(mV);

Δ_x——其他因素的影响值。

（3）评定不确定度分量。

对现场测试的不确定度来源进行分析,如表4.24-1所示。

钢筋锈蚀电位现场测试中的不确定度来源 表4.24-1

序号	不确定度来源	符号	类别
1	由测量重复性引入锈蚀电位值的不确定度	u_1	A
2	由测量仪器引入的不确定度	u_2	B

针对每一项不确定度来源进行标准不确定度的计算:

①由测量重复性引入锈蚀电位值的不确定度 u_1。

采用钢筋锈蚀仪对同一测区同一测点进行连续5次重复测量,得到的数据如表4.24-2所示。

重复性测量数据(单位:mV) 表4.24-2

桩号	1	2	3	4	5
锈蚀电位值	-133	-135	-133	-130	-130

$$u_1 = \frac{V_{\max} - V_{\min}}{C\sqrt{n}} = \frac{135 - 130}{2.33 \times \sqrt{5}} = 0.95(\text{mV})$$

②由测量仪器引入的不确定度 u_2。

测量精度 $a = 1\text{mV}$;这一误差在此区间内均匀分布,采用B类评定方法,$k = \sqrt{3}$,则:

$$u_2 = \frac{1}{\sqrt{3}} = 0.577(\text{mV})$$

（4）计算合成不确定度。

各不确定度分量间相互独立且不相关,计算合成不确定度。

$$u_c = \sqrt{u_1^2 + u_2^2} = 1.11(\text{mV})$$

（5）确定扩展不确定度。

取 $k = 2$,混凝土钢筋锈蚀仪检测结果的扩展不确定度为:

$$U = 2 \times u_c = 2 \times 1.11 = 2.2(\text{mV})$$

(6)不确定度报告。

$$U = 2.2\mathrm{mV}, k = 2$$

4.25 混凝土回弹强度检测结果的不确定度评定

回弹法是通过弹簧驱动地,以重锤的方式呈现,利用弹击杆对混凝土进行弹击,而且可以测试出重锤进行反弹来回的距离。这个回弹距离值与混凝土表面的硬度一致。因此,依据回弹距离数值可以对混凝土强度进行校对,从而计算出混凝土强度。利用回弹法对混凝土强度进行检测,较其他方法来说,检测准确度不是太高,但是其具有自身的优点。首先,设备简单,不会占用过多的测试区域。其次,由于其检测设备简单,方便操作,因此对技术人员的技术没有过高的要求,为测试提供了方便。第三,测试需要的时间短,在进行回弹测试时,可以很快得出测试结果,为混凝土强度测试节约了时间。第四,回弹法监测混凝土强度的检测成本低,不会消耗很多的费用。最后,对混凝土的质量没有损害,不影响其正常利用。此外,通过回弹法可以检验出混凝土的匀质性。在混凝土施工中,一般都使用泵送方式,因此,在运输过程中,混凝土的匀质性就会在一定程度上受到影响,因此,保证混凝土匀质性是保证混凝土质量的关键,回弹法恰恰可以检测出混凝土的匀质性是否符合标准。以回弹值(反弹距离与弹簧初始长度之比)作为与强度相关的指标,即混凝土的回弹值与强度的关系值。

4.25.1 混凝土回弹强度检测方法

检测依据为《回弹法检测混凝土抗压强度技术规程》(JGJ/T 23—2011)。检测对象是构件混凝土浇筑侧面的强度。检测时,尽量将回弹仪保持水平,每个测区测16个回弹值,去掉其中最大值和最小值各3个,则该测区的平均回弹值即为余下10个回弹值的算术平均值。回弹值测量完毕后,应在有代表性的测区上测量碳化深度值,测点数不应少于构件测区数的30%,应取其平均值作为该构件每个测区的碳化深度值,当测区的碳化深度平均值极差值大于2.0mm时,应在每一测区分别测量碳化深度值。

4.25.2 试验用主要仪器设备

一体式触屏数字回弹仪或数字式碳化深度测量仪。

4.25.3 检测结果的不确定度评定

(1)测量原理。

混凝土回弹仪通过弹击被测物表面获得回弹值,以回弹值作为与被测物抗压相关的指标,来推定被测物的抗压强度。

(2)测量模型。

采用混凝土回弹仪进行现场测试时,测试结果的测量模型为:

$$f_{cu,e} = f(R_{ij}, d_{ij}) \tag{4.25-1}$$

式中:$f_{cu,e}$——混凝土构件强度推定值(MPa);

R_{ij}——第 i 测区第 j 个测点回弹值;

d_{ij}——第 i 测区第 j 个测量的碳化深度值(mm)。

(3)评定不确定度分量。

①回弹值读数重复性引入的标准不确定度 u_{1R}。

A 类评定方法,试验标准差为:

$$s(\overline{R}) = \sqrt{\frac{\sum_{i=1}^{m}\sum_{j=1}^{n}(R_{ij} - R_i)^2}{m(n-1)}} = \sqrt{\frac{\sum_{i=1}^{10}\sum_{j=1}^{10}(R_{ij} - R_i)^2}{10(10-1)}} = 1.488$$

$$u_{1R} = \frac{s(\overline{R})}{\sqrt{10}} = 0.471$$

构件混凝土强度计算如表 4.25-1 所示,回弹法检测混凝土抗压强度的不确定度来源如表 4.25-2 所示。

构件混凝土强度计算 表4.25-1

测区编号	1	2	3	4	5	6	7	8	9	10
测区平均值(MPa)	44.7	45.9	46.1	46.3	44.8	46.1	45.2	46.6	45.5	46.4
角度修正值	0	0	0	0	0	0	0	0	0	0
角度修正后(MPa)	44.7	45.9	46.1	46.3	44.8	46.1	45.2	46.6	45.5	46.4
浇筑面修正值	0	0	0	0	0	0	0	0	0	0
浇筑面修正后(MPa)	44.7	45.9	46.1	46.3	44.8	46.1	45.2	46.6	45.5	46.4
平均碳化深度值(mm)	2	2	2	2	2	2	2	2	2	2
测区强度值(MPa)	50.6	53.4	53.8	54.2	50.9	53.8	51.8	54.9	54.9	54.5
强度计算(MPa)	推定值:50.5;平均值:53.0;标准差:1.52;最小值:50.6									

回弹法检测混凝土抗压强度的不确定度来源　　　表 4.25-2

序号	回弹值的不确定度来源	符号	类别
1	回弹值读数重复性引入的标准不确定度	u_{1R}	A 类
2	弹击方向偏离引入的不确定度	u_{2R}	B 类
3	回弹仪系统性能引入的标准不确定度	u_{3R}	B 类
4	碳化深度读数重复性引入的不确定度	u_{1d}	A 类
5	数字式碳化深度测量仪系统性能引入的标准不确定度	u_{2d}	B 类

②弹击方向偏离引入的不确定度 u_{2R}。

由实际操作经验,回弹仪的弹击偏离角度对回弹值的影响在 $a=\pm1$ 分度值之内,这一误差在此区间内均匀分布,采用 B 类评定方法,$k=\sqrt{3}$,则不确定度为:

$$u_{2R} = \frac{a}{k} = \frac{1}{\sqrt{3}} = 0.577$$

③回弹仪系统性能引入的标准不确定度 u_{3R}。

回弹仪系统性能引入的不确定度在 $a=1$ 分度值之内,这一误差在此区间内均匀分布,采用 B 类评定方法,$k=\sqrt{3}$,则不确定度为:

$$u_{3R} = \frac{a}{k} = \frac{1}{\sqrt{3}} = 0.577$$

回弹法检测混凝土抗压强度回弹值及碳化深度值如表 4.25-3 所示。

回弹法检测混凝土抗压强度回弹值及碳化深度值　　　表 4.25-3

构件名称	2 层墙 2×A~B																龄期(d)	327		
编号	回弹值 R_i																平均回弹值 R_m	碳化深度值(mm)		
	1	2	3	4	5	6	7	8	9	10	11	12	13	14	15	16		测点1	测点2	测点3
1	44	45	42	48	44	47	42	44	43	46	46	45	43	49	48	42	44.7	2.50	2.00	2.25
2	47	42	42	47	43	45	50	46	45	50	45	50	49	44	44	47	45.9	2.00	2.25	1.50
3	48	42	45	44	45	47	44	46	46	44	48	48	45	50	47	48	46.1	1.50	2.00	2.00
4	47	43	45	44	42	46	47	47	50	47	47	47	46	47	42	42	46.3	—	—	—
5	47	44	44	50	44	42	43	48	44	49	42	50	44	47	43	42	44.8	—	—	—
6	45	50	43	43	46	44	49	47	47	43	46	50	46	49	46	45	46.1	—	—	—
7	45	42	47	45	47	42	46	47	44	50	49	47	45	50	48	47	45.2	—	—	—
8	47	50	44	49	44	49	47	45	46	47	44	43	50	46	48	47	46.6	—	—	—

续上表

构件名称	2层墙2×A~B																龄期(d)		327		
编号	回弹值 R_i																平均回弹值 R_m	碳化深度值(mm)		
	1	2	3	4	5	6	7	8	9	10	11	12	13	14	15	16		测点1	测点2	测点3
9	45	46	49	48	44	44	47	46	44	45	49	45	44	45	44	50	45.5	—	—	—
10	50	47	42	47	50	48	50	47	45	43	43	43	46	49	46	46	46.4	—	—	—
测面状态	侧面(干燥、光滑)							平均碳化深度									均值:2.0mm			
测试角度	水平0°							混凝土等级									C45			
混凝土输送方式	泵送							回弹仪率定值									—			

④碳化深度读数重复性引入的不确定度 u_{1d}。

$$s(\bar{d}) = \sqrt{\frac{\sum_{i=1}^{m}\sum_{j=1}^{n}(d_{ij}-\bar{d}_i)}{m(n-1)}} = \sqrt{\frac{\sum_{i=1}^{10}\sum_{j=1}^{3}(d_{ij}-\bar{d}_i)}{10(3-1)}} = 0.209$$

$$u_{1d} = \frac{s(\bar{d})}{\sqrt{n}} = \frac{0.209}{\sqrt{3}} = 0.121$$

⑤数字式碳化深度测量仪系统性能引入的标准不确定度 u_{2d}。

数字式碳化深度测量仪由校准证书给出 $U=0.05\text{mm}$, $k=2$, 按不确定度B类评定, 其不确定度为:

$$u_{2d} = \frac{U}{k} = \frac{0.05}{2} = 0.025$$

根据数学模型 $f_{cu,e}=f(R_{ij},d_{ij})$, 测区回弹值 R 的灵敏系数 $C_R = \frac{\partial f}{\partial R_{ij}}$, 碳化深度值 d 的灵敏系数 $C_d = \frac{\partial f}{\partial d_{ij}}$。

令碳化深度值不变取 $d=2.0\text{mm}$, 当平均回弹值 R_m 变化一个微小的单位0.1时, 计算其对混凝土构件强度推定值 $f_{cu,e}$ 的影响。回弹值微小变化后构件混凝土强度计算见表4.25-4。

回弹值微小变化后构件混凝土强度计算　　　　表4.25-4

测区编号	1	2	3	4	5	6	7	8	9	10
测区平均值(MPa)	44.7	45.9	46.1	46.3	44.8	46.1	45.2	46.6	45.5	46.4
ΔR	0.1									

续上表

测区编号	1	2	3	4	5	6	7	8	9	10
变化后的测区平均值(MPa)	44.8	46	46.2	46.4	44.9	46.2	45.3	46.7	45.6	46.5
平均碳化深度值(mm)	2.0	2.0	2.0	2.0	2.0	2.0	2.0	2.0	2.0	2.0
测区强度值(MPa)	50.9	53.6	54	54.5	51.1	54.0	52.0	55.1	52.7	54.7
强度计算(MPa)	推定值:50.8;平均值:53.3;标准差:1.50;最小值:50.9									

测区回弹值 R 的灵敏系数：

$$C_R = \frac{\partial f}{\partial R_{ij}} = \frac{50.8 - 50.5}{0.1} = 3.0(\text{MPa})$$

令回弹值不变，当平均碳化深度变化一个最小单位 0.5mm 时，计算其对混凝土构件强度推定值 $f_{cu,e}$ 的影响。碳化深度值微小变化后构件混凝土强度计算见表 4.25-5。

碳化深度值微小变化后构件混凝土强度计算　　　　表 4.25-5

测区编号	1	2	3	4	5	6	7	8	9	10
测区平均值(MPa)	44.7	45.9	46.1	46.3	44.8	46.1	45.2	46.6	45.5	46.4
平均碳化深度值(mm)	2.0	2.0	2.0	2.0	2.0	2.0	2.0	2.0	2.0	2.0
Δd(mm)	0.5									
变化后的平均碳化深度值	2.5	2.5	2.5	2.5	2.5	2.5	2.5	2.5	2.5	2.5
测区强度值(MPa)	49.7	52.3	52.7	53.2	49.9	52.7	50.7	53.8	51.4	53.4
强度计算(MPa)	推定值:49.6;平均值:52.0;标准差:1.47;最小值:49.7									

碳化深度值 d 的灵敏系数：

$$C_d = \frac{\partial f}{\partial d_{ij}} = \frac{50.5 - 49.6}{0.5} = 1.8(\text{MPa/mm})$$

(4) 计算合成不确定度。

$$u_c = \sqrt{C_R^2(u_{1R}^2 + u_{2R}^2 + u_{3R}^2) + C_d^2(u_{1d}^2 + u_{2d}^2)}$$

$$= \sqrt{3.0^2 \times (0.471^2 + 0.577^2 + 0.577^2) + 1.8^2 \times (0.121^2 + 0.025^2)}$$

$$= 2.84(\text{MPa})$$

(5) 确定扩展不确定度。

取包含因子 $k = 2$，扩展不确定度如下：

$$U = k \times u_c = 2 \times 2.84 = 5.7\text{MPa}, k = 2$$

(6) 不确定度报告。

$$U = 5.7\text{MPa}, k = 2$$

4.26 静态应力检测结果的不确定度评定

在实际的桥梁工程中,为了了解钢筋混凝土桥梁的承载能力和使用性能,为以后养护、加固和运行后的安全使用提供可靠有效的依据,必须对桥梁进行荷载试验。而在荷载试验过程中,结构在受力时,其内部会产生应力,内部应力在正常的情况下无法直接测得,目前通用方法是根据材料力学中应力应变的关系式,通过应变测试系统来测出结构的应变,间接地计算出结构的内部应力。借助钢筋(或预应力)混凝土桥可以了解混凝土和钢筋的应力分布,截面的中性轴位置等。对多主梁桥,还可测定其各片梁的荷载分配系数。而对静态应力进行测试的主要目的有三个:第一,是为了获得结构或构件的应力应变分布规律及应力集中状况;第二,是为了检验结构或构件的强度储备;第三,是为了验证结构或构件设计的合理性。

4.26.1 静态应力检测方法

按照《公路桥梁荷载试验规程》(JTG/T J21-01—2015)进行静态应变试验,主要包括:明确检测对象,选择加载截面,布置试验荷载,进行加载和卸载。试验加载采用分级加载的方式,共分多级加载,1级卸载,静载试验各截面加载工况实施程序为:

(1)初始状态(静载试验加载开始)—预加载—预加载卸载—读取测点初读数。

(2)千斤顶加压至一级荷载,维持数值不变,保持稳定后,读取试验数据。

(3)千斤顶加压至二级荷载,维持数值不变,保持稳定后,读取试验数据。

(4)千斤顶加压至 N 级荷载,维持数值不变,保持稳定后,读取试验数据。

(5)千斤顶卸载至0kN,读取测点卸载后读数(每个截面静载试验测试结束后,根据各测点的残余读数决定是否进行第二次循环加载)。

4.26.2 试验用主要仪器设备

测试现场测试根据所用到的静态电阻应变仪使用说明进行操作和测试。通常我们使用静态应变测试系统时是与计算机共同使用的,系统组成如图4.26-1所示,测试方法相对简单,首先连接硬件,将测试系统与计算机相连,随后按照示意图接线布置工作测点,测点可以接入1/4桥、半桥、全桥形式布置的应变片,或者应变式位移传感器、荷载传感器等基于应变测试原理的桥式传感器。随后将应变片布置在需要进行应变测试的结构位置,利用计算机当中的软件进行控制采样和记录数据等操作。

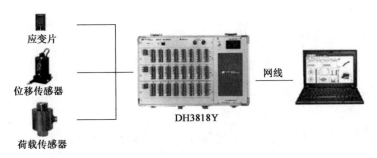

图 4.26-1　静态应变测试系统组成

静态应变测试系统:由数据采集箱、微型计算机及支持软件组成。技术指标如下:

(1)测量点数:每台静态应变测量仪最多可测 10 点;

(2)程控状态下采样速率:10 测点/秒;

(3)测试应变范围:±19999με;

(4)系统不确定度:小于 0.5% ±3με(程控状态);

(5)零漂:≤4με/2h(程控状态)。

4.26.3　检测结果的不确定度评定

(1)概述。

按照《公路桥梁荷载试验规程》(JTG/T J21-01—2015)对 8m 普通钢筋混凝土 T 梁进行静态应变试验。

(2)数学模型。

采用静态应变测试系统进行现场测试时,测试结果的数学模型为:

$$\varepsilon_0 = \varepsilon_1 \cdot \Delta_x \tag{4.26-1}$$

式中:ε_0——静态应变的标准值(με);

ε_1——静态应变的测量值(με);

Δ_x——其他因素的影响值(με)。

(3)评定不确定度分量。

①由测量重复性引入 60kN 下应变值的不确定度分量 u_{r1}。

在同一试验环境下,同一人员操作同一台应变测试系统,对梁体跨中界面按最大加载 60kN 测试梁底静态应变 10 次,检测结果见表 4.26-1。

表 4.26-1　60kN 下重复 10 次的实测应变值

检测次数	1	2	3	4	5	6	7	8	9	10
实测应变值(με)	77.8	73.8	74.7	74.6	72.7	73.3	73.9	76.8	77.3	73.4

计算实测应变的平均值 $\bar{x} = \dfrac{\sum_{i=1}^{10} x_i}{10} = 74.83$。

计算试验标准差 $s = \sqrt{\dfrac{\sum_{i=1}^{n}(x_i - \bar{x})^2}{n-1}} = 1.82$。

则由测量重复性引入的不确定度分量 $u_{r1} = \dfrac{u_1}{\bar{x}} = \dfrac{1.82}{74.83} \times 100\% = 2.4\%$。

②由应变片灵敏度系数引起的不确定度 u_{r2}。

采用电阻应变片测量静态应变,测试原理一般为惠斯通电桥。试验采用1/4桥的连接方式,该测量仪器内部三线制1/4桥,为温度自补偿,暂不考虑温度影响。根据惠斯通电桥,假设测试应变片收到的应变为 ε,则应变电桥的输出电压为:

$$U_{电压输出} = E_0 \dfrac{\Delta R}{R} = E_0 K_y \varepsilon \quad (4.26\text{-}2)$$

式中:E_0——惠斯通电桥初始电压;

K_y——应变片灵敏度系数。

惠斯通电桥输出电压经调理,接收到的电压为:

$$\mu_{接收电压} = K_s u_{电压输出} = E_0 K_s K_y \varepsilon \quad (4.26\text{-}3)$$

式中:K_s——应变测试系统调理发射接收的增益1000。

$$\varepsilon = \dfrac{\mu_{接收电压}}{E_0 K_s K_y} = K \mu_{接收电压} \quad (4.26\text{-}4)$$

其中,E_0、K_s 均为常数项,应变片由于制造原因,其灵敏度系数存在不确定性,本试验所用的应变片的灵敏度系数为 $K_y = 2.2\% \pm 1\%$,应变片灵敏度系数引起的绝对不确定度 u_2 的计算如下:

$$u_2 = \dfrac{\partial \varepsilon}{\partial y_k} u_{yk} = -\dfrac{\mu_{接收电压}}{E_0 K_s K_y^2} u_{yk} = \dfrac{K \mu_{接收电压}}{K_y} u_{yk} = \dfrac{\varepsilon}{2.2} \times \dfrac{1}{100\sqrt{3}} = \dfrac{\varepsilon}{220\sqrt{3}}$$

式中:$u_{yk} = \dfrac{1\%}{\sqrt{3}} = \dfrac{1}{100\sqrt{3}}$。

应变片灵敏度系数引起的相对不确定度:

$$u_{r2} = \dfrac{u_2}{\varepsilon} = \dfrac{1}{220\sqrt{3}} = 0.262\%$$

③由静态应力应变分析测试系统引入的不确定度分量 u_{r3}。

静态应力应变分析测试系统校准后的准确度等级为0.5级,假设其为均匀分布,其准确性带来的相对不确定度为:

$$u_{r3} = \frac{0.5\%}{\sqrt{3}} = 0.289\%$$

④由应变测试加载设备引入的不确定度分量 u_{r4}。

经校准,应变加载设备的相对扩展不确定度为 $U_r = 0.39\%$,$k = 2$。

$$u_{r4} = \frac{0.39\%}{2} = 0.195\%$$

(4)计算合成不确定度。

各不确定度分量间相互独立且不相关,计算合成不确定度 u_{rc}。

$$\begin{aligned} u_{rc} &= \sqrt{u_{r1}^2 + u_{r2}^2 + u_{r3}^2 + u_{r4}^2} \\ &= \sqrt{2.4\%^2 + 0.262\%^2 + 0.39\%^2 + 0.195\%^2} = 2.5\% \end{aligned}$$

(5)确定扩展不确定度。

取包含因子 $k = 2$,则静态应力检测结果的扩展不确定度为:

$$U_r = 2u_{rc} = 5.0\%$$
$$U = \bar{x} \cdot U_r = 74.83 \times 5.0\% = 3.7$$

(6)不确定度报告。

$$U = 3.7, k = 2$$

4.27 静载试验测试基桩承载能力检测结果的不确定度评定

基桩是工程机构中常用的基础形式之一,属于地下隐蔽工程。施工技术比较复杂,工艺流程相互衔接紧密,施工时稍有不慎极易出现断桩等多种形态复杂的质量缺陷,影响桩身的完整性和桩的承载能力,从而直接影响上部建筑结构的安全。因此,其质量检测成为基桩工程质量控制的重要手段。目前基桩检测的主要方法有静载试验、钻芯法、低应变法、高应变法、声波透射法等,其中静载试验法是目前公认的检测基桩竖向抗压承载力最直接、最可靠的试验方法。

静载试验法通过对桩顶施加静载的荷值与桩顶沉降量的关系(即 Q-S 曲线)来确定基桩的承载能力。该方法适用液压千斤顶控制力值,通过指示器(压力或力值参数)直接或间接指示所施加的力值。

4.27.1 静载试验检测基桩承载能力

根据现行《建筑基桩检测技术规范》(JGJ 106)进行了相关准备工作后,试验方法

如下:

(1)加载:逐级等量加载,分级荷载宜为最大加载量或预估极限承载力的1/10,其中第一级可取分级荷载的2倍。在满足连续两个小时内每小时的桩顶沉降量不超过0.1mm的相对稳定标准时,施加下一级荷载,每级荷载施加后按第5min、15min、30min、45min、60min测读桩顶沉降量(及桩侧阻力与桩端阻力),以后每隔30min测读一次。

(2)卸载:分级卸载,每级卸载量取分级加载量的2倍。每级荷载维持1h,按第15min、30min、60min测读测试值。卸载至零后,测读桩顶残余沉降量,维持3h,测读时间为第15min、30min,以后每隔30min测读一次。

(3)终止加荷条件:

①某级荷载作用下,桩顶沉降量大于前一级荷载作用下沉降量的5倍;

②某级荷载作用下,桩顶沉降量大于前一级荷载作用下沉降量的2倍,且经24h尚未达到稳定标准;

③已达到设计要求的最大加载量;

④工程桩做锚桩时,锚桩上拔量已达到允许值;

⑤当荷载-沉降曲线呈缓变型时,加载至桩顶总沉降量达60~80mm;特殊情况下,根据具体要求加载至桩顶总沉降量超过80mm。

4.27.2 试验用主要仪器设备

(1)主梁、次梁、锚桩或压重等反力装置;

(2)千斤顶、油泵等加载装置;

(3)压力表、压力传感器或荷重传感器等;

(4)百分表或位移传感器等位移测量装置。

4.27.3 检测结果的不确定度评定

(1)测量原理。

单桩竖向抗压静载试验主要目的是确定单桩竖向抗压极限承载力,判定竖向抗压承载力是否满足设计要求。确定单桩竖向抗压承载力时一般采用竖向荷载-沉降(Q-S)、沉降-时间对数(S-$\lg t$)曲线。根据实测曲线判断桩的破坏模式,判定桩的极限状态和桩的极限承载力。荷载测量采用并联千斤顶油路的压力表或压力传感器测定油压,根据千斤顶率定曲线换算荷载,采用0.4级精密压力表的读数作为压力值,间接测量力值。

(2)测量模型。

基桩承载力特征值不确定度评定的测量模型为:

$$R_a = \frac{Q_u}{2} \tag{4.27-1}$$

式中:R_a——单桩竖向承载力特征值,0.1mm;

Q_u——单桩竖向极限承载力(kN)。

(3)评定不确定度分量。

①由压力测量引入的不确定度分量 u_1。

根据现行《液压千斤顶》(JJG 621)的要求,对液压千斤顶进行检定,检定结果按照既定数据进行一次或多次函数的拟合曲线给出,假设千斤顶检定证书给出的结果如表4.27-1所示。

液压千斤顶检定结果 表4.27-1

压力校准示值 y(MPa)	力值示值 x(kN)	压力校准示值 y(MPa)	力值示值 x(kN)
11	800	34.7	2600
13.6	1000	37.3	2800
16.3	1200	39.9	3000
18.9	1400	42.5	3200
21.5	1600	45.1	3400
24.2	1800	47.6	3600
26.8	2000	50.2	3800
29.5	2200	—	—

其函数拟合公式为:

$$y = 0.6441 + 0.0131x \tag{4.27-2}$$

式中:y——压力校准示值(MPa);

x——力值示值(kN)。

实际现场测量中是以压力示值直接或间接测量力值,根据表中数据,可得:

$$x = -49.1999 + 75.5516y$$

根据表中数据,可确定拟合函数关系为:

$$y = a + bx \tag{4.27-3}$$

式中:a、b——拟合函数的估计值。

$$\begin{cases} a = \bar{y} + b\bar{x} \\ b = \dfrac{\sum(x_i - \bar{x})(y_i - \bar{y})}{\sum(x_i - \bar{x})^2} \end{cases}$$

求得:$a = 0.6441, b = 0.0131$。

则压力示值与力值关系为:

$$y = 0.6441 + 0.0131x$$

得出拟合线性函数,根据上式计算压力示值估计值 $\hat{y}_i$ 与实测压力值 y_i 之间差值的平方和,并求单桩的竖向极限承载力 Q,如表 4.27-2 所示。

压力示值估计值 $\hat{y}_i$ 与实测压力值 y_i 表 4.27-2

压力示值估计值 $\hat{y}_i$ (MPa)	实测压力示值 y_i (kN)	压力示值估计值 $\hat{y}_i$ (MPa)	实测压力示值 y_i (kN)
11	11.1241	34.7	34.7041
13.6	13.7441	37.3	37.3241
16.3	16.3641	39.9	39.9441
18.9	18.9841	42.5	42.5641
21.5	21.6041	45.1	45.1841
24.2	24.2241	47.6	47.8041
26.8	26.8441	50.2	50.4241
29.5	29.4641	52.7	53.0441

$$\sum(y_i - \hat{y}_i)^2 = 0.286258$$

$$Q = \sqrt{\dfrac{\sum(y_i - \hat{y}_i)^2}{n-2}} = \sqrt{\dfrac{0.286258}{17-2}} = 0.1381(\text{MPa})$$

计算 4000kN 下的压力 y 值的标准不确定度为:

$$u(y_0) = Q \times \sqrt{\dfrac{1}{N} + \dfrac{(x_0 - \bar{x})^2}{\sum(x_i - \bar{x})^2}} = 0.1381 \times \sqrt{\dfrac{1}{17} + \dfrac{(4000 - 2400)^2}{16320000}}$$

$$= 0.06414(\text{MPa})$$

式中:y_0——压力量值(MPa);

  x_0——力值(kN)。

②由精密压力表引入的测量不确定度分量 u_2。

使用机械式精密压力表时需要估读,产生的不确定度 u_{21} 为 0.0298MPa。

压力示值采用 0.4 级、测量范围 0~60MPa 的精密压力表作为测量仪器,压力表本身误差产生的不确定度分量为：

$$u_{22} = \frac{\Delta}{\sqrt{3}} = \frac{60 \times 0.4\%}{\sqrt{3}} = 0.1386(\text{MPa})$$

二者进行合并得到由精密压力表引入的测量不确定度分量为：

$$u_2 = \sqrt{u_{21}^2 + u_{22}^2} = \sqrt{0.0298^2 + 0.1386^2} = 0.1418(\text{MPa})$$

(4) 计算合成不确定度。

各不确定度分量间相互独立且不相关，计算合成不确定度 u_{cy}。

$$u_{cy} = \sqrt{u_1^2 + u_2^2} = \sqrt{0.06414^2 + 0.1418^2} = 0.1556(\text{MPa})$$

$$u_{cx} = k \times u_{cy} = 76.5515 \times 0.1556 = 11.91(\text{kN})$$

(5) 确定扩展不确定度。

取包含因子 $k=2$，则基桩静载试验检测结果的扩展不确定度为：

$$U = 2u_c = 23\text{kN}$$

(6) 不确定度报告。

$$U = 23\text{kN}, k = 2$$

参考文献

[1] 倪育才. 实用不确定度评定[M]. 北京:中国标准出版社. 2020.

[2] 叶德培. 测量不确定度理解评定与应用[M]. 北京:中国质检出版社. 2016.

[3] 范巧成. 测量不确定度评定的简化方法与应用实例[M]. 北京:中国电力出版社. 2007.

[4] 范巧成. EXCEL 在测量不确定度评定中的应用[M]. 北京:中国质检出版社. 2003.

[5] 吴蕊. 基于灰色系统理论的测量不确定度评定及动态预测[J]. 国防计量与测试学术交流会, 2016:523-526.

[6] 吕晓娟, 黄美发, 孙永厚. 基于模糊集合理论的不确定度评定[J]. 机械设计与制造, 2008(9):34-36.

[7] 姜瑞. 现代不确定度评定方法及应用[D]. 合肥:合肥工业大学, 2017.

[8] 林洪桦. 测量不确定度评定应用基于误差理论[J]. 自动化与信息工程, 2011(4):1-4.

[9] 程银宝, 赵一帆, 罗哉, 等. 面结构光测量曲面特征的不确定度评估[J]. 光学精密工程, 2012(17):2039-2048.

[10] 全国石油产品和润滑剂标准化技术委员会. 沥青针入度测定法:GB/T 4509—2010[S]. 北京:中国标准出版社, 2011:8.

[11] 全国公路专用计量器具计量技术委员会. 沥青软化点试验仪检定规程:JJG(交通) 057—2017[S]. 北京:人民交通出版社股份有限公司, 2017:19.

[12] 全国水泥标准化技术委员会. 水泥胶砂强度检验方法(ISO 法):GB/T 17671—2021[S]. 北京:中国标准出版社, 2021:24.

[13] 全国法制计量技术委员会. 测量仪器特性评定:JJF 1094—2002[S]. 北京:中国质检出版社, 2002:20.

[14] 中华人民共和国交通运输部. 公路工程沥青及沥青混合料试验规程:JTG E20—2011[S]. 北京:人民交通出版社, 2011:371.

[15] 全国法制计量管理计量技术委员会. 通用计量术语及定义:JJF 1001—2011[S]. 北京:中国质检出版社, 2011:57.

[16] 全国交通工程设施(公路)标准化技术委员会公路工程材料与仪器设备专业标准化工作组.单轮式横向力系数测试仪检定规程:JJG(交通)113—2014[S].北京:人民交通出版社股份有限公司,2014:13.

[17] 中华人民共和国交通运输部.公路路基路面现场测试规程:JTG 3450—2019[S].北京:人民交通出版社股份有限公司,2019:189.

[18] 全国法制计量管理计量技术委员会.测量不确定度评定与表示:JJF 1059.1—2012[S].北京:中国质检出版社,2012:65.

[19] 全国交通工程设施(公路)标准化技术委员会公路工程材料及仪器设备专业标准化工作组.公路断面探伤及结构层厚度探地雷达检定规程:JJG(交通)124—2015[S].北京:人民交通出版社股份有限公司,2015:15.

[20] 陈金明.沥青延度仪测量值的不确定度分析[J].计量与测试技术,2016,43(8):98-99.

[21] 交通行业计量专业技术委员会.贝克曼梁路面湾沉仪检定规程:JJG(交通)025—2002[S].北京:人民交通出版社,2002:12.

[22] 全国交通工程设施(公路)标准化技术委员会.车载式路面激光车辙仪检定规程:JJG(交通)076—2010[S].北京:人民交通出版社,2010:6.

[23] 王帅.单轮式横向力系数测试仪量值溯源方法的研究[D].大连:大连理工大学,2020.

[24] 严二虎.贝克曼梁弯沉车弯沉测定的影响因素分析[J].施工技术,2010,39(3):70-73.

[25] 周丽霞,方琴.贝克曼梁法检测路基路面的回弹弯沉值及其结果分析[J].贵州工业大学学报(自然科学版),2004(6):79-82,90.

[26] 刘静,查庆.贝克曼梁测定路基路面回弹弯沉不确定度评定[J].公路交通科技(应用技术版),2018,14(6):46-48.

[27] 王德岭,陈蕾,邵俊江.校准激光自动弯沉仪方法的探讨与分析[J].工程建设与设计,2013,301(5):143-145.

[28] 刘春军.关于混凝土梁桥荷载试验的误差探讨[D].天津:河北工业大学,2015.

[29] 陈绪宏,于翔.预应力混凝土用钢绞线应力松弛试验结果不确定度的评定和分析[J].理化检验(物理分册),2008(1):14-16.

[30] 沈有忠,龚燕华,李戬.热轧带肋钢筋拉伸性能测量不确定度的评定[J].建筑技术开发,2012,39(12):43-46.

[31] 杭伯安.单轮式横向力系数测试系统测定路面摩擦系数不确定度评定[J].公路交通科技(应用技术版),2020,16(7):132-134.

[32] 谢科,何光成.松弛试验测量结果不确定度评定[J].金属制品,2017,43(4):46-48,67.

[33] 陈金春,徐陈栋,张森,等.江苏某桥梁动静态检测与荷载试验研究[J].科技创新与应用,2018,240(20):40-41.

[34] 朱晓飞.光电挠度仪在桥梁荷载试验中的适用性研究[J].科学技术创新,2019(24):98-99.

[35] 张熹.桥梁支座检测方法分析[J].工程技术研究,2019,4(3):75-76.

[36] 卢菊香.锚具静载荷试验效率系数与极限拉力时总应变测量不确定度的评定[J].计量与测试技术,2012,39(4):64-66.

[37] 杨锡阶,王时越,缪云伟.温度对预应力钢绞线松弛性能的影响及不确定度评定[J].公路交通科技(应用技术版),2017,13(10):219-221.

[38] 郭建明,张宇,丁全录.锚具洛氏硬度测量不确定度的评定[J].现代测量与实验室管理,2006(2):22,27.

[39] 张欣禹.桥梁挠度测试仪检测结果分析[J].世界桥梁,2012,40(3):42-45.

[40] 郑平.建筑基桩检测力值参数及其不确定度评估[J].计量与测试技术,2013,40(2):12-13.

[41] 周锋.斜拉索索力动力学测试的不确定度研究[D].重庆:重庆交通大学,2019.

[42] 李森.混凝土梁试验的挠度测量误差分析[J].浙江建筑,2007,157(6):21-23.

[43] 宫小能,谢建平,陈丙瑞.公路桥梁板式橡胶支座抗剪弹性模量测量不确定度的分析[J].公路,2015,60(6):131-132.

[44] 刘静,朱晓禹.松弛试验机校准不确定度评定[J].公路交通科技(应用技术版),2020,16(1):120-122.

[45] 金喜莎.基于动态试验的桥梁快速诊断技术研究[D].天津:中国民航大学,2015.

[46] 王荣川.索力动测仪测量不确定度初步研究[D].重庆:重庆交通大学,2018.

[47] 马明惠,杨陈玲,许志伟.预应力混凝土用钢绞线应力松弛试验不确定度的评定[J].工程质量,2014,32(10):80-83.

[48] 陈单明.锚具洛氏硬度测量不确定度的分析评定[J].江西建材,2015,159(6):292,293.

[49] 王建秋,周锋,胡小明.斜拉索索力动测结果误差分析及不确定度评定方法[J].西

部交通科技,2021,167(6):147-149,177.

[50] 张延祥.钢筋抗拉强度检测结果不确定度的探讨分析[J].江西建材,2021,270(7):49-51.

[51] 赵地.索结构参数识别中的不确定度研究[D].重庆:重庆交通大学,2020.

[52] 王璐.浅析预应力混凝土用钢绞线应力松弛性能测量不确定度[J].福建交通科技,2020,174(3):167-169.

[53] 陈耀辉.预制T梁单梁静载试验结果的不确定度分析研究[J].北方交通,2021,337(5):31-34.

[54] 王明石.基于EIV模型的多维力传感器动态测量技术研究[D].武汉:武汉科技大学,2020.

[55] 刘滨.桥梁支座检测方法分析[J].运输经理世界,2022,650(4):82-84.

[56] 吴祁山.动力参数法检测基桩承载力的不确定度评定[J].桂林工学院学报,2004(2):180-182.

[57] 孙冀平.采用水准仪测量桥梁挠度测量不确定度分析[J].科技资讯,2010,226(13):134-135.

[58] 柳刚,高东辉.不确定度评定在水泥检测中的应用[J].江苏建材,2008,110(1):33-34.

[59] 卢春凤,董亚峰.四探针电阻率测试仪电阻率参数的不确定度评定[J].仪表技术,2011,267(7):38-39.

[60] 郝树伟.沥青软化点试验(环球法)测量不确定度评定[J].天津建设科技,2018,28(1):72-73.

[61] 陈永城.混凝土氯离子含量检测的不确定度评定[J].山西建筑,2014,40(14):45-46.

[62] 陈仕坤.回弹法检测混凝土抗压强度的不确定度评定[J].建材与装饰,2018,555(46):43-44.

[63] 陈怡伶,毕磊,汤元会,等.钢筋锈蚀测量仪的不确定度分析[J].工业计量,2018,28(S1):76-77.

[64] 辛军霞.单桩竖向抗压极限承载力检测结果的不确定度评定[J].建筑技术开发,2007,245(11):17-18,41.

[65] 杭伯安.单轮式横向力系数测试系统测定路面摩擦系数不确定度评定[J].公路交通科技(应用技术版),2020,16(7):132-134.

[66] 陈艳丽,王小勇,储冬冬,等.板式橡胶支座抗压弹性模量的不确定度分析[J].中国水运(下半月),2016,16(8):333-334.

[67] 李红升.板式橡胶支座抗剪弹性模量测量不确定度的评定与应用[J].北方交通,2022,352(8):27-29,33.

[68] 李文婷,刘然,陈健,等.SBS防水卷材拉伸性能检测结果的不确定度评定[J].工程质量,2021,39(7):60-64.

[69] 陈栋,王钧铭,鲍安平,等.基于灰色误差理论的测量不确定度评定方法[J].信息化研究,2013,39(6):12-14.

[70] 陈雅.测量不确定度的评定中的蒙特卡洛方法[J].电子质量,2012(1):70-71.

[71] 刘云虎.测量不确定度的简易估算[J].计量与测试技术,2007(7):66-67+69.

[72] 钱绍圣,胡文清,宋杰.测量不确定度的简便评定与表示[C]//中国兵工学会.中国兵工学会测试技术研讨会,2000.

[73] 宋明顺,陈意华,陶靖轩,等.测量不确定度评定中忽略相关项所带来的风险评估[J].计量学报,2005(1):90-92.

[74] 陆绮荣,庄松林.基于LabVIEW平台的系统不确定度评定方法的实现[J].桂林工学院学报,2007(4):584-588.

[75] 刘磊.公路工程检测仪器进行测量不确定度评定方法初探[J].交通标准化,2003(5):39-41.